言ってはいけない!? 国家論

渡部悦和 × 江崎道朗

扶桑社

はじめに

日本はこのままでは右肩下がりで没落していく

2019年の4月末、30年間続いた平成の時代が幕を閉じました。経済同友会の小林喜光《こばやしよしみつ》代表幹事は、平成の30年間を振り返り、「日本にとって敗北と挫折の30年だった」と厳しい発言をしましたが、適切な評価だと思います。

平成を振り返ってみると、日本のGDPは2010年に中国に追い抜かれ第3位となり、ものづくり大国の地位は低下し、最先端技術（人工知能、半導体、5Gなど）の分野では米国や中国に後れを取り、人口は確実に減少しています。

新たな令和の時代がはじまりましたが、日本がこのまま変化することができず、国家として何も対処しなければ、右肩下がりの状況は今後も続き、私たち国民の生活はますます苦しくなるでしょう。

視線を国外に向けても、大変な時代に入っています。2018年は世界の安全保障の点から見ると歴史的な年となりました。特筆すべきは、「米中貿易戦争を伴う本格的な米中覇権争い」が2018年にはじまった」ことです。これは覇権国への野心を顕《あら》わにする中国と、毀誉褒貶《きよほうへん》はありますが稀有な実行力を発揮するドナルド・トランプ米大統領によってもたらされたものです。

バラク・オバマやジョージ・W・ブッシュ、ビル・クリントンといった歴代のアメリカ大統領は、中国に対して優しい政策（＝関与政策）を採用してきました。関与政策とは「中国とは関与を続けていき、中国を国際社会のルールに従う国家に、最終的には民主主義国家になるよう誘導していく」という政策です。

中国は、この関与政策を米国の弱さの顕れと判断したのでしょう。きわめて強圧的な対外政策や、知的財産権の侵害などの不法行動を繰り返してきました。

しかしトランプは、「アメリカ・ファースト」を唱え、「米国を再び偉大な国家にする」ことを公約として掲げた大統領です。米国に挑戦し、その地位を脅かす中国を許しませんでした。文字通りなりふり構わない方法を使ってアメリカを凌駕《りょうが》し、世界一の大国になろうとする中国に対するトランプ大統領の怒りが、米中貿易戦争や米中覇権争いという状況を引き起こしました。そして我々日本は、米中の覇権争いに受動的に振り回されているのが現状です。

トランプのアメリカ、そして習近平の中国から学ぶべきものがある

このような状況の下で我々日本はどのようにして生き残り、そして世界のなかで責任と名誉ある地位を占めることができるのか。私はここで敢えて「トランプのアメリカに、そして習近平の中国に学ぼう」と言いたいと思います。

私はこれまで『米中戦争――そのとき日本は』（講談社現代新書）や『中国人民解放軍の全貌』（扶桑社新書）をはじめとする本を書いてきて、そのなかで中国を相当に厳しく批判してきました。中国を「仮想敵」に位置づけた拙著を読んだことのある読者のなかには、私のことを反中派と思っている人がいるかもしれません。

確かに共産党率いる中国は深刻な問題を抱えた国です。そして、現下日本にとっての最大の脅威のひとつであることも間違いありません。それは本書でも繰り返し警告しています。しかし同時に、中国がこれほど躍進した理由もあるはずなのです。

日本が中国崩壊論を騒ぎ立てて現実逃避している間に、中国は着実に力をつけ、多くの分野で日本に追いつき、あるいは追い抜いていきました。本来どの国家もそうなのですが、生き残りに必死なあの姿勢には、我々も見習うべき点が多々あります。

同じことは同盟国であるアメリカにもいえます。私はハーバード大学に留学し、アメリカの恐るべき底力を身をもって実感しました。

日本は覇権争いを続ける米中を冷静に分析し、そこから国家としてのファイティング・スピリッツ（戦う精神）を学ばなければなりません。そして何より、明確な国家戦略を立て、使えるものはすべて使いながら目標に向かって全力で突き進んでいく国家の在り方を見習わなければなりません。そうしなければこのまま日本は衰退していくでしょう。

これらのことについて、私と問題意識と姿勢を共有できる評論家の江崎道朗さんとの対談をまとめたものが本書になります。米中の新冷戦を見ていきながら、大きく変化している「現代の国防」を中心にしながら議論を進めています。

新時代の国防問題は、これまで以上に我々の日々の生活と密接につながっています。国防を自衛隊や政治家に任せっきりにするのではなく、一人ひとりが興味を持っていくことが重要な時代になっているということです。

米中の新冷戦はオリンピックでいえば金メダル争いです。日本は米中の金メダル争いを漫然と見ている単なる傍観者になってはいけません。米中の金メダル争いをうまく活用するしたたかな戦略が必要だし、何よりもプレーヤーとして世界の舞台に参加し、競争し、勝利するという強い信念が必要です。

令和元年　6月27日　著者を代表して　渡部悦和

第5章 ハイブリッド戦の時代に我々は……

第1章 ハーバード大学から見たアメリカ

対談にあたり：米中新冷戦の時代を迎えて

渡部　江崎さんの『知りたくないではすまされない』（ＫＡＤＯＫＡＷＡ）は、面白いし読みやすいですよね。多くの人たちが評している通り、普通のメディアにはなかなか出ないことをわかりやすく書いていていただいている。

江崎　皆さん、薄々気づいているでしょうが、永田町で仕事をしてきて驚いたのは、政治家もスタッフも、その大半が安全保障に関しては基本的なことも知らないし、知らないことを自覚していないということでした。学校教育で安全保障について学ぶ機会がないので、やむを得ないのでしょうが、やはりショックでした。国会議員とそのスタッフたちは、一般の人と違って安全保障や外交のことについてある程度知っていると思っていましたから。

自戒を込めて強調しますが、党の部会で防衛省や安全保障の専門家の話を聞くぐらいで、大半の政治家や政治家を支えるスタッフは安全保障に関して肝心なことを知らないのです。渡部さんは政治家の方とお話しされる機会も多いでしょうから、ご存知だと思いますけれども。

渡部　そこで本書では、米中の覇権争い、米中新冷戦ということをひとつのキーワードとしながら、基本的なところからお話ししていきたいと思います。

この米中関係は、私が取り組んでいる最大のテーマでもあります。同時に米中からは、国家の在り方に関して学ぶべき点も多い。とくに両国を見ていると、いまの日本に欠けている点が明確になるように思えます。

初歩の初歩からの解説が必要だ

江崎　せっかくですから、本対談では外国の具体例を紹介しながら、ではどうすればいいのか、という対策まで議論できればと思います。

渡部さんは、陸上自衛隊を退職された後、世界を代表するアメリカのハーバード大学で学ばれていますが、その前には幹部自衛官としてドイツにも留学されています。そういった経験から、国際社会における日本というものがどう見えているのか。あるいはドイツやアメリカでは「政軍」関係、つまり政治家と軍隊の関係がどうなっていて、世界のエリートたちが国際政治や安全保障についてどのようなことを学んでいるのか。このようなことについて是非ともお聞かせいただきたいと思っています。

というのも、繰り返しますが、日本の政治家もマスコミも、安全保障や日米同盟について肝心なことを知らないからです。例えば、アメリカの安全保障政策にとってきわめて重要な政治家であるキャスパー・ワインバーガーのことを知っている人なんてほとんどいないと思います。

ワインバーガー国防長官は1984年に次のような「ワインバーガー・ドクトリン」を発表しています。

「アメリカの軍隊を外国に派遣する際には、十分なテストを行い、また、軍隊を外国に派遣するということが、アメリカ国民と選出された国会議員たちによって支持されているという十分な証拠がなければばならない」

ヴェトナム戦争の「敗戦」によってアメリカが、「国民と国会の支持なくして対外戦争は行ってはならない」という教訓を重視するようになっていて、米軍が外国に行くためにはアメリカ国民と政治家に支持される必要がある、という原則を確認したわけです。

つまり、仮に日本が侵略されても、アメリカ国民と政治家が賛成しなければ、米軍は日本を助けに来られないことになるわけで、日本にとってもきわめて重要なドクトリンになります。

日本の官僚たちはそうした本質的な問題について政治家には説明しないので、政治家は実は肝心なことは何もわかっていないわけです。

いざというとき、米軍は助けに来ないかもしれない。自衛官、あるいは国防に携わる者であれば当然知っている日米同盟の実態を、政治側はよく分かっていない。このため、中国の軍事的脅威に関する渡部さんの話を自民党の政治家にしても、すれ違うだけなのです。

渡部 そうかもしれません。

江崎 そもそもアメリカに、対中政策をめぐってパンダ・ハガー（親中派）とドラゴン・スレイヤー（対中強硬派）といったふたつのグループがいて、対立していることも知らない。アメリカも一枚岩ではない。これは当たり前の話なんです。ところが、十数年も国会議員をされている方でも、私が説明してはじめて気づいたという人がいっぱいいるのです。アメリカは一枚岩で、一貫して日本の軍事的自立を抑え込もうとしていると、固く信じ込んでいる（笑）。

さらに深刻なことは、自分たちが日本の安全保障に責任を持つ立場だと思っている政治家がどれほどいるのかということです。アメリカをあれこれと批判する政治家の大半が、いざとなればアメリカと自衛隊がなんとかしてくれるだろうと、内心では思っている。

このため、渡部さんたち国防の専門家が書かれていることはレベルが高すぎて、何か遠い世界の話のようにしか受け止めることができないんです。僕の『知りたくないではすまされない』などは皆さんからすれば初歩の話ですよね。

渡部　だけどわかりやすいと思いますよ。

江崎　わかりやすいというのは僕の体験談を書いたからでしょうね。

例えば渡部さんの行かれたハーバード大学にしても、「アメリカの名門大学だ」くらいは知っていても、それ以上のことはほとんどの人が知らない。そもそもアメリカでどういう立ち位置にある大学なのか。そこで行われているとくに政治的な面での教育や研究の内情はどうなっているのか。日本や中国のエリートたちはどのように学んでいるのか……。

今回の対談ではそういった渡部さんの生々しい体験談を語っていただきたいと考えています。とにかく国防の専門家の皆さんの言われていることというのは一般の人からすると、どこか別世界の話のようなんです。

ハーバード大学の衝撃

江崎　まずは渡部さんが留学された、アメリカのエリートを生み出すハーバード大学でのお話を伺いたいと思います。日本でも非常に有名な大学ではありますが、実際にはどんなところだったのでしょうか。

渡部　私は日米の安全保障関係を学ぼうと決意しまして、2015年の6月末にアメリカのハーバード大学のアジアセンターに研修に行きました。そこで2年間研究して痛切に感じたことは、やはり米中の覇権争いがはじまっているということでした。

ハーバード大学は1636年に開校されたアメリカ最古の大学です。学生数2万2000人（学部生6700人、大学院生1万5200人）、大学職員数2400人の大きな大学です。ハーバード大学の特徴は多様性、寛容性にあると思います。つまり、リベラルな大学なんです。学部生の男女数はほぼ同じ。全米の各州からまんべんなく学生が選抜されていますし、世界142か国出身の学生が学んでいます。

江崎　ハーバード大学はリベラルな大学、という点は重要ですね。

渡部　ハーバード大学で学んだ経験は私にとっても本当に大きなものでした。まずいちばん深く自覚したのはいわゆる「無知の知」です。自分がいかに何も知らないかということがものすごくよくわかった。

ハーバード大学とひと口に言っても大きくて、その下部組織・機関にはケネディ・スクールをはじめ多くのスクールや研究センターがあります。そこには世界一流の専門家が綺羅星《きらぼし》のごとくいる。

例えば、ウクライナ問題を勉強したければ、実際にウクライナから亡命してきた人がいる。ロシア問題を議論したかったら、ロシアから来た人がいる。中国問題を研究したければ、中国から来た人がいる。インドネシア、インド、全部そうなのです。あらゆる面で世界最高レベルの知の集団が揃っている。日本の大学とはレベルがまったく違う。

江崎　世界各国の専門家、研究者と日常的に国際政治や安全保障について議論ができるというのは凄いことですね。日本には、そんな大学はありませんからね。

渡部　そこにおいて、「ああ、自分は本当に何もわかっていなかった」ということがもの凄くよくわかるのです。いかに何も知らないかと打ちのめされるわけです。

自衛隊に36年間いて、私も安全保障を少しわかったつもりになっていた。しかしハーバード大学に行くと、自分がまったくわかっていなかったということが本当によく理解できるわけです。

当時のハーバード大学はパンダ・ハガーの巣窟だった

渡部　今回の本でひとつ提示したいのは、ハーバード大学のようなアメリカのエリート養成機関における中国に対する評価の変化です。

例えばハーバード大学には、エズラ・ヴォーゲルという東アジア情勢が専門の、著名な名誉教授がいます。日本でも1979年に『ジャパン・アズ・ナンバーワン』（広中和歌子・木本彰子訳　ティビーエス・ブリタニカ）という著作がベストセラーになりましたから、名前を知っている人が多いと思います。このヴォーゲル先生がハーバード大学側で私の引き受け手になってくれ、私はハーバード大学のアジアセンターのフェローとして2年間研究できたのです。

そのヴォーゲル先生が週1回、水曜日に中国に関するセミナーをやっていたので、私も参加していました。当時のアメリカのアカデミアのなかにおける対中国認識というのは、ヴォーゲル先生が描いていたと思います。例えば日本でも翻訳された『中国　危うい超大国』（徳川家広訳　日本放送出版協会）を書いたスーザン・シャークという有名な女性の中国専門家がいますが、この人もヴォーゲル先生の教え子です。ところがセミナーに参加すればするほど、私には違和感が強くなってきました。

これらの人たちは、実はパンダ・ハガーなんです。中国に対してものすごく甘い考え方を持っている。ヴォーゲル先生の経歴からは親日家がイメージされがちですが、実際はまったく違っていて、親中ですが親日ではありません。とくに2015年の初対面のころは、安倍晋三首相に対して「右翼」というレッテルを貼り、まったく評価していませんでした。

では、なぜ彼らは親中なのか？　中国のアカデミアに対する工作、例えば大学への多額の寄付や教授の研究への便宜供与などが功を奏していると思います。

その一方で、中国に厳しい人たちをドラゴン・スレイヤーといいますが、典型的な学者はハーバード大学から出ていかざるを得なかったシカゴ大学のジョン・ミアシャイマー教授です。

江崎　ミアシャイマー教授は、国際政治史を踏まえ、「米中対立は不可避である」という指摘をしたリアリスト（P62参照）の国際政治学者として日本でも名が知られてきていますが、そのミアシャイマー教授が出ていかざるを得ないほどハーバード大学には親中派が多いということですね。しかも日本の官僚たちは、このハーバード大学に留学することが多い。当然、日本の官僚たちは、ミアシャイマー教授らの議論に対する批判だけを聞かされてくる構図ですね。アメリカに留学した日本の官僚は必然的に親中派になっていく。

渡部　パンダ・ハガーであるヴォーゲル一派の考えは基本的に、「関与政策を取り、中国を国際的な舞台に登場させてやれば、中国は責任ある大国として振る舞うようになるだろう。そして民主主義的な国家になるだろう」というものです。そういう幻想を抱きながら中国と付き合っています。そして彼らの対中国認識がアメリカの中国政策に影響を与えてきたのです。

しかし実際にはどういう状態になったか。皆さんご承知の通り、現在中国とアメリカは完全に激突するような状況になっています。私の留学当時と現在では、アカデミア（大学）も含めてアメリカの中国専門家の認識は劇的に変化しました。いまや誰もが手のひらを返すように中国に対して厳しい立場をとるようになりました。しかし私がハーバード大学にいた時期はまったく逆だったのです。

この変化は私にとってはものすごく新鮮ですけれども、当時の違和感はいまだに残っています。なぜあのとき、ヴォーゲル先生をはじめとした中国専門家は中国に甘かったのか。あの態度は明らかに間違いでした。

いま彼らは「ああ、自分たちは間違っていた」と思っているわけですよね。しかしいったいどんな理由があって、あのような状況がつくられていったのか。

江崎　深刻なことは、アメリカのハーバード大学に留学した日本の官僚や政治家、安全保障の専門家たちも、ヴォーゲル先生たちがおっしゃっているからという理由で、中国「幻想」論を支持してきたということです。アメリカに留学したからといって、きちんとした安全保障論を学んできたわけではない、ということです。

「トゥキディデスの罠《わな》」

渡部　もちろん当時から、中国への傾斜に対して懸念を示している人はいました。ハーバード大学でもケネディ・スクールにグレアム・アリスンという有名な教授がいるのですが、この人は「トゥキディデスの罠」を長年研究した人です。トゥキディデスは古代ギリシャの有名な歴史家です。「トゥキディデスの罠」を簡単に言うと「既存の覇権国と、台頭する覇権国は衝突する」という仮説です。

アリスンは、私が彼の講演等を聞いていた2016年当時、「既存の覇権国アメリカと台頭する覇権国である中国は高い確率でぶつかる」と考えていました。トゥキディデスが古代ギリシャの時代に予言したことは正しくて、歴史的な事実から見ると、この2国はぶつからざるを得ない。歴史的な確率として75%以上は衝突に至ると言い続けていた。

ところが当時のハーバード大学には、教授のなかにパンダ・ハガーが多かった。これは非常に大きな問題であったと思うのですが、逆に中国にとっては大きくプラスに働いていました。結果を見るとアリスンのほうが正しかったわけですが。

ちなみにアリスンがシンガポール初代首相のリー・クワンユーと会ったとき、「中国は世界覇権の野望を持っていると私は考えるが、実際のところはどうだと思うか」と聞いたらしいです。するとリー・クワンユーから、「いまさら何を言っているんだ。中国が世界一を目指していることなんて当たり前だろう」とお叱りを受けたとのことです。「お前たちハーバード大学の教授ともあろう者がそんなことも知らないのか」と。

ハーバード大学の教授といっても、先のヴォーゲル先生をはじめとしてその多くが中国の意図というのをしっかり認識していなかった。その点、リー・クワンユーはさすがと言うべきでしょうか。

トランプ大統領誕生時のハーバード大学の雰囲気

渡部　ハーバード大学というのは実際のところパンダ・ハガー、もう少し視点を変えるとリベラリズムの牙城みたいな組織です。そしてもちろん通っているのはアメリカのエリート層に属します。

象徴的だったのが、トランプが勝って、ヒラリーが負けたときです。みんなひどいショックを受けて、とくに女性たちはお葬式状態。本当に泣き叫ぶような感じでした。そして大統領選挙の結果が出た翌朝の授業は、教授の「皆さん、動揺しないように」みたいな発言からはじまる（笑）。笑っちゃいけないのですが、ハーバード大学も面白いところなのですよ。

江崎　アメリカのエリートたちの雰囲気がよくわかるエピソードですね。そして、アメリカのエリートたちの議論を盲信した日本のジャーナリストや外交専門家たちが反トランプであることも、こうした構図からですよね。

渡部　しかしそこでハーバード大学にいるリベラルな知識人連中は、「やはりアメリカは広い」と認識するのです。「結局、我々のようにトランプの放言に嘆く者がいる一方で、逆にトランプを待望していた人たちが自分たちよりも数多くいるんだ」と、その事実を率直に認めました。「アメリカは世界一であるべきだ」と思っているアメリカ人はやはりたくさんいるということです。それは金持ちであろうと、貧しい者であろうと変わりません。「俺たちの誇りは世界一のアメリカなんだ」と考えるアメリカ人は、ハーバード大学のインテリが思っているよりずっと多かったのです。

トランプを支持した人たちからすれば、詳しいことはよくわからないけれども、世界一のアメリカがアンフェアな状態に置かれているように見えたんです。例えば中国を見てみろと。自分の国の市場は全部閉ざしておきながら、アメリカを中心としてほかの国からさまざまなものを盗んでいく。しかし自分からは絶対に何も与えない。それはアンフェアだろうと。

その状況に対してトランプは「アメリカ・ファースト」と率直に言いました。多くの人がなんとなく思っていたことをこれほどストレートに言った人はいませんでした。自分たちはお金もないし、大変な状況にあるけれども、トランプが「アメリカ・ファースト」と言ったときに、「こいつに賭けてみようか」と思ったんでしょう。

江崎　アメリカ・ファーストの背景に、中国人は不公平だという考え方があることは、重要な視点ですね。

渡部　ハーバード大学にいるのは基本的に恵まれた連中なわけです。「知的にはいちばんいい教育を受けている自分たちの感覚がアメリカのすべてではない。ラストベルト（錆びついた工業地帯）にいるような、いわゆるホワイト・トラッシュ（白人のくず）と呼ばれる連中の数に自分たちは負けてしまった」ということをはじめて認識したのです。これはハーバード大学のエリート連中にとっては非常に大きなレッスンだったと思います。

ところがアメリカではもうひとつ言えることがあります。さらに頭のいい白人たちは、すぐにトランプを利用することを考えました。彼らの頭のよさは尋常ではないですから、誰が大統領になろうとそれを最大限利用します。トランプが大統領になればトランプの使い方を考える。ヒラリーになればヒラリーをうまく使う。そして自分たちが絶対負けないように、自分たちは絶対損しないように彼らは考えています。こういう連中がアメリカの社会にはいる。

割合としては1%と『ニューヨーク・タイムズ』は報道しましたが、もっと少なく0・1%と私は見ています。アメリカには0・1%ぐらい、もう善悪を超越したようなとんでもない連中がいます。これだけ知恵の回る悪い奴らが日本にいるかというと、いません。これだけ戦略的に考えることのできる連中はほかにいないと私はあのとき感じました。

江崎　「善悪を超越したようなとんでもない連中」という指摘も重要ですね。党派やイデオロギーでは判断できないグループがアメリカにはいて、政治を動かそうとしている。この点もアメリカ政治を見るうえできわめて重要な指摘ですね。

統一戦線工作部の工作に触れる

渡部　かように圧倒的に中国寄りの学内状況のなかで、私は自分を引き受けてくれたヴォーゲル先生にものすごく反発しました。彼が主催するセミナーに出てもパンダ・ハガーばっかり講師につれてくるから、言っていることが全然納得できない。そこで毎回いちばん前に座って手を挙げて、反論ばかりやっていました。

私が中国に対して批判的なことばかり言うものですから、中国から来ている留学生や研究者の間で私のことが有名になって、彼らに取り囲まれたこともあります。そこではじめて、中国共産党の統一戦線工作部の現実の工作に触れたわけです。

江崎　中国共産党の統一戦線工作部というのは、対外インテリジェンス機関、スパイ工作のいわば司令塔のひとつですね。中国は共産党政権で、実は政府機関よりも共産党の機関のほうが実力を持っている。そうした実質的なスパイ工作機関が、アメリカに留学している中国人学生たちの背後にいるということですね。

渡部　ハーバード大学に来ている中国の留学生たちは実際に本国にコントロールされています。お互いに監視し合うような仕組みになっていますし、本国の大学教授が定期的にハーバード大学に来て学生たちをチェックしています。私がいま述べたような態度をとっていたところ、中国人の学生や教授から監視されるようになってしまいました。

そのような経験を通じて、ヴォーゲル先生を中心としたパンダ・ハガーの大学教授たち、そしてハーバード大学の中国人学生たちの反発や嫌悪を肌で感じていました。

ハーバード大学における日本のプレゼンスは非常に低い

渡部　ここでひとつ触れておきたいことがあります。「ハーバード大学における日本の地位ははっきり言ってものすごく低い」ということです。ハーバード大学に関する本は日本でも出ていますよね。そのなかでは例えばハーバード大学の授業では、日本のことが素晴らしい国や文化として取り上げられているなんて記述もありますが、実際に行っていた私の感覚とはまったく違います。

江崎　まあ誇張しすぎですよね。アメリカの保守系シンクタンクに行ったことがありますが、そこでも日本の地位はかなり低いと言わざるを得ませんからね。日本政府はアメリカ政府の言いなりで、独自の見解や戦略を持っていないと認識されていますので、真剣に日本を研究しようと思っていない。

渡部　それもあまりにもひどい誤解です。

ハーバード大学では日本なんてほとんど存在感がない。大きな存在感を持っているのは中国です。存在感で言うと、アジア勢では中国がナンバーワンですけれど、ナンバーツーは韓国です。

韓国の研究者のほうが明らかに日本の研究者より英語ができる。それに韓国の人たちは、その多くが子供がアメリカにいたり、生まれがアメリカだったりしますから、英語もしゃべりますし、発信力もある。どう見ても彼らのほうが発信力においては圧倒的に上なのです。

日本の研究者は総じて英語力が劣っていますから、本当に存在感がない。ヴォーゲル先生がいちばん批判していたのは日本人なのです。「中国の留学生を見ろ。中国人のようにしゃべれ、言いたいことを言え」と彼は日本人を叱咤《しった》していました。日本人はそんな程度の低いお叱りを受けてばかりでした。

ところがそんなお叱りを受けている、あるいは単純に相手にされていない日本人ですが、聞いてみれば官公庁のトップの人たちや、一流企業から派遣されている人たちなのです。残念ながら、それが私の見たハーバード大学の実情です。

江崎　もちろん例外はあるでしょうが、結局、日本で偉そうな顔をしているアメリカ留学組のエリートたちの多くが実はアメリカでは情けない振る舞いしかできていない、ということですね。そういえば、鳩山由紀夫元総理もアメリカのスタンフォード大学に留学していましたね。

ハーバード大学の日本人記者に言われたこと

渡部　ハーバード大学には各中央省庁、それに一流企業の人たちが短期間だけ研修するプログラムがあります。日米プログラム（Japan US Program）という名前なのですが、そこには日本の新聞社も人を出している。産経新聞や朝日新聞、読売新聞などのいわゆる大手紙です。

そこで私は記者たちに向けてさまざまな発信をしました。しかし、私が例えば安全保障の大きな概念（「一般教書演説」など）のことを話しはじめると、記者たちは「それはいらない」と言うのです。「米中覇権争いとか、そういう大きな話は我々も学んでいる。渡部さんに期待したいのは軍事から見た視点なんだ。軍事を通して見ると、例えばアメリカの防衛費の具体的な中身や国家軍事戦略の具体的な内容、中国人民解放軍の具体的な事実などがどうなのかを説明してほしい」と。

江崎　しかし、ではマスコミの人たちが大統領の一般教書演説をきちんと読み込んで適切な解説をしているかといえば、そうではない。アメリカの国家戦略、外交などについて詳しいことを知らないため、通り一遍の説明だけに終わってしまっている場合が多い。

渡部　その問題はまた別のところにあるかもしれません。ともかくも私は36年間軍事に携わってきましたから、その知識に基づく視点というのは彼らから見ると全然違うと言うのです。「ああ、なるほど。彼らは私を見て、そういうことを思ったのか」と感じたときに、やはりそこが私のやるべき分野だと再確認しました。これが私のミッションであると。

それが帰国後の、つまり現在の執筆活動にもつながっているのです。例えば、私はいままで『米中戦争――そのとき日本は』『中国人民解放軍の全貌』『日本の有事』(ワニブックスPLUS新書)と3冊の本を出版しましたが、これらの本は自衛官であった経験がなければ書けない内容でした。

江崎 逆に言うと、アメリカの大学で学んでいる学者や官僚、そして在米のジャーナリストの大半が、アメリカの安全保障論議、とくに中国の軍事的脅威について、まともに理解していない、ということでもありますね。

MIT(マサチューセッツ工科大学)

渡部 ボストン界隈《かいわい》というのは面白くて、大学はハーバード大学だけじゃないのです。これも非常に有名な大学ですが、MITも近くにある。MITは科学技術や工学分野が有名ですけれども、実際にはそれだけではなくて、安全保障や国際政治でも世界に名だたる研究者が揃っています。

そのなかのひとりにバリー・ポーゼン教授がおりまして、この人は米国防総省の総合評価局局長として40年以上にわたり戦略研究をしてきたアンドリュー・マーシャルの教え子です。マーシャルに関してはネットアセスメントとの絡みもありますので、改めて第6章で議論しましょう。

話を戻しますと、このポーゼン教授は強烈なリアリストで、安全保障では非常に有名な男です。国際政治に関してもの凄く厳しいものの見方をするわけですが、とくに日本に厳しいことを言います。「日本はGDPの1%程度しか防衛費を払っていないし、世界の平和と安定のため、とくにアジア安定のために責任を果たしていないではないか」と、厳しい言葉を投げかける人なのです。

実は毎週水曜日、ハーバード大学のヴォーゲル先生のセミナーと同じ時間に、バリー・ポーゼン教授がMITでセミナーを開いていたのです。そこで私は毎回のテーマを見ながら、今週はどちらに行こうかと悩みながら、このふたつのセミナーに参加していました。

バリー・ポーゼン教授のセミナーも非常に勉強になるのです。こちらのセミナーには例えばロシア人の女性研究者がいて、当然ながらロシアについて凄まじく詳しい。プーチンのことをブリーフィングするにしても、なぜウクライナを侵攻する連中とプーチンがお互い持ちつ持たれつの関係にあるのかとか、ロシア人でないとわからないことを分析し評価することができるのです。

バリー・ポーゼン教授を中心としたセミナーに参加していたのも非常にレベルが高い人たちでした。私の前著『米中戦争——そのとき日本は』でランド研究所[※1]のシミュレーションを紹介しま

※1　1948年創設のアメリカの政策シンクタンク。当初は軍事・政治的な戦略立案を中心に扱うシンクタンクだったが、現在では科学技術や経済・教育も含め、非常に広範な分野の研究を行っている。米国防政策への影響力は非常に強い。英語表記はRAND Corporation（RANDはResearch ANd Developmentの略）

したけれども、セミナーにはこのシミュレーションを書いた人も出ていました。ランド研究所のために働いている人間はワシントンD.C.だけじゃなく、MITにもいるのだというお話です。

江崎　そうした専門家たちが国際政治について頻繁に議論を交わし、分析をしているところがアメリカの強みですね。

タフツ大学

渡部　さらにマサチューセッツ州ボストン郊外にはタフツ大学もあって、とくにここのフレッチャー・スクールは国際関係・安全保障を学ぶ場所として有名です。日本でいえば自衛隊の元将官や防衛省の高官もここで学んでいます。

実は海空の自衛官も3佐とか2佐の連中がタフツ大学で2年間勉強してマスターを取るルートがあるのですが、ここに現在、陸上自衛官はいないのです。陸上自衛隊には人がたくさんいるにもかかわらず、結局こういうところにお金を使っていないということで、これは問題です。

江崎　それは、なぜですか?

渡部　陸上自衛官もさまざまな国へ人を派遣していますから、順番として回ってこないというのはあります。例えば私がドイツへ行ったように、ある者はフランスへ行かせ、ある者はインドへ、マレーシアへ、もちろん中国にも行かせています。そして韓国は多い。当然アメリカにもオーストラリアにも行かせています。とにかく行かせなくてはいけない場所が多くて、タフツ大学まで人が回らないのです。

タフツ大学は非常に勉強になるところですが、そういった面があまり深く認識されていないのです。

近くにはさらにボストン大学もありますし、先に挙げたようにマサチューセッツ州ボストン界隈にはすごい大学が目白押しです。単位も大学同士相互に融通できますので、タフツ大学の学生がハーバード大学に来たり、MITに行ったりできる。この環境を考えれば、陸上自衛隊ももう少し出す人を厚くしてもいいと思うわけです。

江崎　予算の問題があるのでしょうが、人材育成、それも知の最先端で各国のエリートたちとともに学ぶことは、人脈づくりという意味でもきわめて重要ですよね。安全保障、インテリジェンス（諜報）の世界というのは個々の人間関係が重要で、インナー・サークルに入らないと、本当に大事な情報は入ってこないですから。その意味で、アメリカの大学に安全保障について学んでいる自衛官を留学させることは、日本のインテリジェンス能力の向上という意味でも非常に重要です。

米国海軍大学

渡部　私にとってハーバード大学やMITだけではなく、米海軍大学も忘れることのできない大学です。ボストンから車で南に1時間半くらいの位置にあるロード・アイランド州ニューポートに米海軍大学はあります。

そこに私がお世話になった教授が三人います。米海軍のみならず中国海軍にも詳しいアンドリュー・エリクソン教授、中国海軍に詳しいトシ・ヨシハラ教授、国際法が専門のピーター・ダットン教授です。とくにエリクソン教授には多くのことを学びました。これらの教授は、ハーバード大学やタフツ大学でも講義していました。トシ・ヨシハラ教授は、現在は著名なシンクタンクであるCSBA（戦略予算評価センター）の上席研究員をしています。大学からシンクタンク、やがて国防総省や国務省で勤務することもあるでしょう。これがアメリカにおける優秀な専門家のキャリア・パスです。

三人を紹介してくれたのは当時、米海軍大学の客員教授であった下平拓哉・1等海佐です。下平1佐にも本当にお世話になりました。私が海上自衛隊を高く評価する理由は、下平1佐のような優秀な人材がいるからです。

なぜ陸上自衛官だった渡部が海軍大学なのかと不思議に思われるでしょうが、安全保障を研究する者にとって海軍の作戦を理解することは不可欠であるし、私が研究テーマとして選択した中国人民解放軍の専門家がヨシハラ教授やエリクソン教授だったからです。両者共に中国語ができますし、その中国語の能力を活用し、精力的に研究成果を発表していました。私も中国人民解放軍を研究する際には、彼らの著作やツイッターで発信する内容に随分お世話になりました。

また、私が人民解放軍研究の成果をアジアセンターで発表したときに司会をしてくれたのもエリクソン教授でした。『米中戦争――そのとき日本は』『中国人民解放軍の全貌』を出版できたのも、彼らのおかげです。

日本にとって米中関係が死活的に重要になる

渡部　そんな状況のハーバード大学界隈で学びながら当時の私が何を考えたか。ハーバード大学に行く前までに、自分の専門分野は安全保障にしようと漠然とは決めていました。しかし安全保障といっても広いので、そのなかで何を具体的に研究するのだというときに、日本の安全保障は当たり前にやらなきゃいけないのですが、とくに米中関係を見なければいけないということを強く思ったわけです。

ハーバード大学において、日本はほとんどパッシング（無視）に近い状態になっていました。アメリカ人たちが重視しているのは中国だと明確にわかるのです。これから米中関係は、どんどん重要になってくる。それであれば米中関係をしっかり見てやろうと。

江崎　長引くデフレによって経済成長が止まったため、日本は相手にされなくなってきたわけですね。

渡部　同時に私が思ったのは、日本も世界において名誉ある地位を確保してほしいということです。そして最大のライバルが中国なのも明らかです。尖閣諸島の問題、東シナ海の問題等々、さまざまな問題で日本を押さえ込もうとしている中国に対していかに対抗しなければならないかを考える契機となったのが、アメリカでの2年間の研究生活だったのです。

アメリカには汚い店が多い！

渡部　ここで大学から社会へと少し視線を引いてみますと、ボストンで生活してつくづく思ったのは、例えばカフェなんかに行くとお店がまぁ汚い。それもちょっと掃除が行き届いてないなというか汚なさじゃなく、日本では考えられないくらいのレベルなのです。なんなんだこれはと思いながら何度か通ってみると、そこで働いているのが英語も通じないマイノリティなのですが、どうもこの人たちに教育がまったく行き届いていない。

江崎　でも、従業員がちゃんと働いていればきれいになるわけじゃないですか。そうするようにお店が指導すればいいだけの話と思えるのですが？

渡部　このあたり我々には想像しづらいのですが、その手の指導をして改善されるということ自体が既に最低限の教育があるという前提なのです。教育レベルが一定水準を割り込んでくると、普通の指導が意味をなさなくなる。

このあたりは興味深いですよね。日本にもさまざまな外資系の企業がありますが、例えばセブン・イレブンを見ると日本のほうが圧倒的にきれいだし、効率的だし、欲しいものがある。逆に本家アメリカのセブン・イレブンは没落している。そうかと思えばアメリカからはアマゾンみたいな企業も出てきて、こちらは世界を席巻している。

何を言いたいかというと、アメリカの強みというのは個人の圧倒的な能力なのです。例えばアマゾンを率いているのはジェフ・ベゾスですが、GAFA（グーグル、アマゾン、フェイスブック、アップル）をはじめとするアメリカのリーダーたちは本当にすごい才能を持っていると思います。

リソースの配分とエリート教育

江崎　そこを考えると、日本は社会のあらゆるところにエネルギーを均等に使いますよね。しかしアメリカがそうだし、インドネシアに行ったときにも感じたのですが、エリート育成にエネルギーを集中的に使う国もある。

エリートたちに、自国が世界で生き残っていくための力をつけてもらい、それ以外のところはかなりほったらかし。その結果、例えば電車は時間通り動かないし、道路は穴だらけだしといったことが起こる。たしかに不満はいっぱいあるのだけれども、そういうことにまでエネルギーを使おうとすると、今度はハーバード大学みたいな場所が成り立たない。

ハーバード大学みたいな場所を成り立たせるために、ほかは後回しにしている。

渡部　やはりアメリカで生活していて思うのは、優秀なエリートが全部動かしてしまう。これは認めざるを得ない。優秀な人はちょっと考えられないくらい優秀ですから。

しかしご指摘の通り、インフラの放置に関してはアメリカもさすがに問題だと感じているようで、共和党も民主党もトランプも皆一致して改善しようと言っています。アメリカのインフラはなんでこんなに放置するのだというぐらいひどいですからね。

　高速道路なんか真ん中に穴が開いていて、危なくて仕方がない。ボストンを走っている地下鉄にしても、冬になったら寒さのせいで止まることがある。別に異常気象とかではなく、ただ寒いので電車が動きませんとか日本では考えられない。地下鉄も古くなっていますが、新しい設備投資をやっていないし、すぐ故障する。それを直すことができないような状況になっています。

江崎　金銭的な意味でも人的な意味でも、国家の有限のエネルギーを世界戦略の構築やエリート育成に投入する。ハーバード大学には行ったことはありませんが、僕もアメリカの大学を訪問したことがあります。どこもきれいで整っていて、日本の大学のチンケさとはまったく違う。大学には凄まじいエネルギーを集中し、かけている。でも街のインフラは日本人が行くとびっくりするくらいボロボロ。

渡部　そうなんです。

柔軟性の高い社会

江崎　限られた人的・資金的な資源をどう配分するのか。繰り返しになりますが、アメリカは世界戦略や世界をどうコントロールするかというところに人的・資金的資源を振り向けていく。そのかわり一般庶民には不自由をかける。でもそれはある程度しょうがないよねという判断を、アメリカはしている。

渡部　予算の決め方でも日本とは全然違う。きわめてダイナミックに変わりますから。例えばトランプが「国防費を増やそう」と言うと、本当に目に見えて増える。

江崎　確か8兆円とか増やしましたよね。日本では年間の防衛予算が5兆円ちょっとなので、たった1年で8兆円増やせることがいかに凄いことか。

渡部　すごい増え方なのですよ。そうかと思えば、「俺は国務省が嫌いだ」とか言って国務省の予算をバサっと切るなんてこともやる。これまでの状況への気配りとか関係なし。おそるべき柔軟性です。これはツボにハマったら凄まじい効果を発揮します。当然逆の効果も出る場合がありますけどね。

江崎　まあ当然ながらうまく働く場合も、逆に働く場合もあるでしょうね。しかし変化に対応しやすいというのも事実ですよね。

渡部　柔軟性、フレキシビリティがものすごくあります。このフレキシビリティに対する意識というのは、日米でもかなり違うところじゃないでしょうか。ドイツでもフレキシビリティの重視は感じましたので、むしろフレキシビリティの軽視という意味では日本のほうが特殊なのかもしれません。

Boys, be international.

江崎　外国人の受け入れに関しても、アメリカは非常にうまくやっている。これこそアメリカの強さだと言ってもいい。とくにこれからのことを考えると、日本も学ぶべき点が多いと思います。

　明治の時代だってそうじゃないですか。お雇い外国人をいっぱい入れて、日本が生き残っていくためには国籍とか言っている場合じゃないと。役に立つならあらゆるものを使う、なりふり構わなさが明治の時代はありましたよね。それが日露戦争に勝って以来、これは旧軍の批判になるかもしれませんが、純血主義になっていった。あのあたりで、自分たちでなんでもやれるみたいな傲慢《ごうまん》さが出てきたように思えます。

　日本が再び没落している現状にあって、海外の優秀な人たちや異論を受け入れながら、新たな知的コミュニティのあり方を議論していくことが必要だと思います。僕もアメリカやインドネシア、マレーシアなどの軍人や政治家たちと議論をしてきましたが、実に多くの刺激、示唆をもらいました。そうやって多様な議論を踏まえて日本の議論を練り上げていかないと、アメリカや中国には太刀打ちできないのではないでしょうか。

渡部　私がドイツやアメリカに行って何を感じたか。当たり前ですが、世界には違う人種がいる、違う人たちが生きているのだということです。日本人とは別の価値観で生きている人たちがいるのだと。

しかし、これが世界の現実だし、それを知って彼らと付き合っていかなければいけないという理解が必要なのです。「Boys, be international.」というのが私の言葉です。「Boys, be ambitious.」じゃなくて、「Boys, be international.」です。

例えばドイツの軍事系の教育機関へ留学すると、アフリカの連中がたくさんいるわけです。アフリカの重要性をドイツは理解しているから、アフリカの留学生を呼んでくる。そして彼らがドイツで学ぶことは軍事だけじゃないのです。ドイツの歴史、文化、伝統などを学ばせながら、ドイツのシンパにしていく。

同様に、中東のイスラムの国々からも留学生がたくさん来ているのです。エジプトやチュニジア、さまざまな国から留学生を呼びながら、ドイツの影響圏を広げようと戦略的にやっている。

さらには冷戦終結前までは敵だったチェコやポーランド、ハンガリーからも留学生を呼び寄せて、自分たちのシンパにしようとしていました。ドイツが国境を接する国をたくさん持っているというのはあるでしょうけれども、ドイツ自身がインターナショナルなのです。

江崎　ハーバード大学のケネディ・スクールにしても、言い方は悪いですが世界の国々のエリート層をアメリカに従わせるための洗脳機関ですよね（笑）。

世界中のエリートたちを集めて、教育という名の引き込み活動をやって、のちに国家的な指導者になってもらって、アメリカがコントロールしやすい人脈をつくる。ケネディ・スクール自体がひとつの武器となっている。

渡部　同じことはドイツだってやっていますし、イギリスもそう。覇権国というよりは、先進国はどこもやっていることです。

江崎　そういうことをやらないのは日本だけですよ。

渡部　いまの日本のように漫然と留学生を受け入れても意味がないのですが、ここでも戦略がない。日本がインターナショナルにならないのは、戦略を持っていないからです。世界各国から留学生を集めて長期的な視点で日本留学生のネットワークをつくっていけば、日本も変わりますよ。

江崎　日本も以前はそういう戦略を持っていたのですが……。かつてマレーシアのマハティール首相が日本に学べということで「ルック・イースト政策」という対日連携政策を推進しましたが、あの政策を進める中心にいたのはマラヤ大学の副学長でウンク・アジズという人です。学長は王様なので、副学長といっても事質的には学長ですが。

このウンク・アジズは戦時中に日本軍がつくった教育機関で学んでいると聞きました。戦時中に日本の教育を受けた人が、マハティールの側近として戦後「ルック・イースト政策」を実現した。

渡部　おっしゃるように、どこの国だってこのようなことはやっています。日本だけがやらなくなってしまった。大国としての意識がないから、と言って済ませていい問題ではないのですが。

アンチグローバリズムは不可能

渡部　日本でよくアンチグローバリズムなんてことを言う人がいますが、それではまず経済的に成り立ちません。本当にやめたほうがいい。とくに保守系の人たちのなかには、日本も防壁でもつくって移民を全部シャットアウトすればいいとか思っている人たちがいる。それは絶対に大間違いです。

江崎「鎖国では日本を守れない」と思ったから、明治維新と文明開化、富国強兵があったわけですからね。もちろん、文明開化にまったく問題がなかったわけではありませんが。

渡部　彼らが言っているのは鎖国への逆戻りですよね。鎖国を続けていたら生き残れないから明治維新があったのだと。

江崎　そう思います。「トランプ政権というアンチグローバリズムの流れが生まれて、日本もそれに倣《なら》って云々」とか言う人たちが確かにいるんです。グローバリズムとは何かということについて厳密な規定が必要ですが、少なくとも保守派イコール鎖国主義ではないはずです。国際社会のなかでしたたかに国家の主体性を守る、国益を優先させるという意味ならば大賛成ですが。

渡部　本当にその通りです。保守の定義がそれぞれで違うのです。そして自分の考えこそが保守本流で、それが当然通じると思っているから話がかみ合わない。

私の日本の保守の定義は、日本の国益をちゃんと考えて、理解をして、その国益を守るためにありとあらゆることをやるということです。例えば右翼的というか排外的な発言をすることが保守だと思っている人たちもいるみたいですが、そんなの絶対に違う。

江崎　賛成です。

渡部　いま鎖国をやったら日本は生きていけない。

江崎　エネルギーひとつをとっても、中東からの石油や液化天然ガスがあるから、経済が成り立っているわけで、鎖国をしたら日本経済も社会も成り立たない。何より日本が東南アジアやアメリカに出ていかなくなれば、中国がそれらの地域でますます優勢になっていきますよ。

アメリカの底力とイノベーション

渡部　最後にもうひとつ、グローバリズムというのは結局、経済のグローバリズムですよね。これがものすごく大きい。日本の台頭も、最初は衣料からはじまった。それがだんだんと電気製品とか電子部品、あるいは自動車とかハイテク分野になってきた。日本が台頭する前まではアメリカがつくってきたものを、日本が取っちゃった。そしてアメリカの製造業は没落するようになった。

やはり私が恐ろしいと思うのは、アメリカはそこで行動を起こしたということです。１９８０年代にアメリカは日本を徹底的に叩いて、半導体や自動車で日本に妥協させた。日本は相当な譲歩を強いられました。あれはアメリカの大勝利なのです。その結果としていまのアメリカの再成長があるし、存在感がある。あのとき叩かれなかったら、半導体をはじめ、日本の産業はこんな悲惨な目にあっていないですよ。

そしてアメリカの凄さは何かというと、GAFAに代表されるように、製造業だけではなくてソフトを含めた新しい産業を創り上げていく力があることです。イノベーションの力なのです。なぜそんなイノベーションの力があるかというと、多民族国家だからそれができる。白人だけだとあれはできないと思います。やはりインド人がいて、中国人がいて、あれだけいろんな人種が入ってきているから、イノベーションが起こるのだと思います。これが多民族国家アメリカの強さです。

そしていま、大きな議論になっていることがあります。それは、全体主義的な、国家資本主義の社会でイノベーションは起こるのかという議論です。

いまの中国でイノベーションは起こらないと言う人たちは多いです。さまざまな能力を持った人たちが集まって、自由にやらせたほうがイノベーションは起こると。これはまさにアメリカが行ってきたことです。この議論には説得力があると私は思いますが、結論はときが経ってみないとわかりません。

江崎　要は優秀な外国人を受け入れつつ、どうやって国家としてのアイデンティティーを維持し、国益を守っていくのか、ということですよね。その困難な課題に正面から取り組むところに、日本の発展があるはずです。

第2章 ― トランプのアメリカと米中新冷戦

2016年のトランプ大統領誕生

渡部　私がアメリカに留学していたのは2015年から2017年までです。つまり2016年の大統領選挙、そしてトランプ大統領の誕生をハーバード大学という知的環境のなかで迎えたことになります。これは私にとって、多くのアメリカ人さえ理解していなかった現代のアメリカを理解するうえで非常に勉強になりました。

現地で大統領選挙に接して考えたことを少し詳しくお話ししてみたいと思います。ヒラリー対トランプという視点からは、やはり現在のアメリカ政治について見えてくるものも多いですから。大統領選を振り返ってみますと、民主党候補だったヒラリー・クリントンは国務長官もやっていたし、対外政策にもものすごく詳しかった。かたや共和党候補のトランプはめちゃくちゃ。トランプはハーバード大学あたりの教授が聞いたらビックリするような、常識がないとしか考えられない対外政策ばかり言っていました。日本のメディアも含めた圧倒的多数の人は、当然ヒラリーが勝つと思っていた。しかし結果は違ったわけです。

江崎　私がたまたま付き合っていた米軍関係者たちの大半は反ヒラリーでしたので、トランプが勝利するかもしれないと思っていました。パンダ・ハガーのヒラリーが大統領になったら、「アジア太平洋は中国の海となる」という危機感が強かったですからね。

共和党はより右に、民主党はより左に

渡部　アメリカの大統領選に対する報道を当時の私が見るとき、参考にしていた報告をひとつご紹介します。アメリカにピュー・リサーチセンターという有名なシンクタンクがあります。ここが当時出したペーパーで、アメリカは完全にふたつに分断されていると指摘したものです。そしてこの分断はさらに広く、深くなっているという図です。これはいままでも有効な指摘だと思います（図①）。

ご存知のように、アメリカは共和党と民主党の2大政党制です。図①は1994年と2014年を比較した場合に、共和党はさらに右に、民主党はさらに左に寄っていることを表しています。

上の図では、縦の線が標準的な民主党員の

図①　共和党は右傾化し、民主党は左傾化する

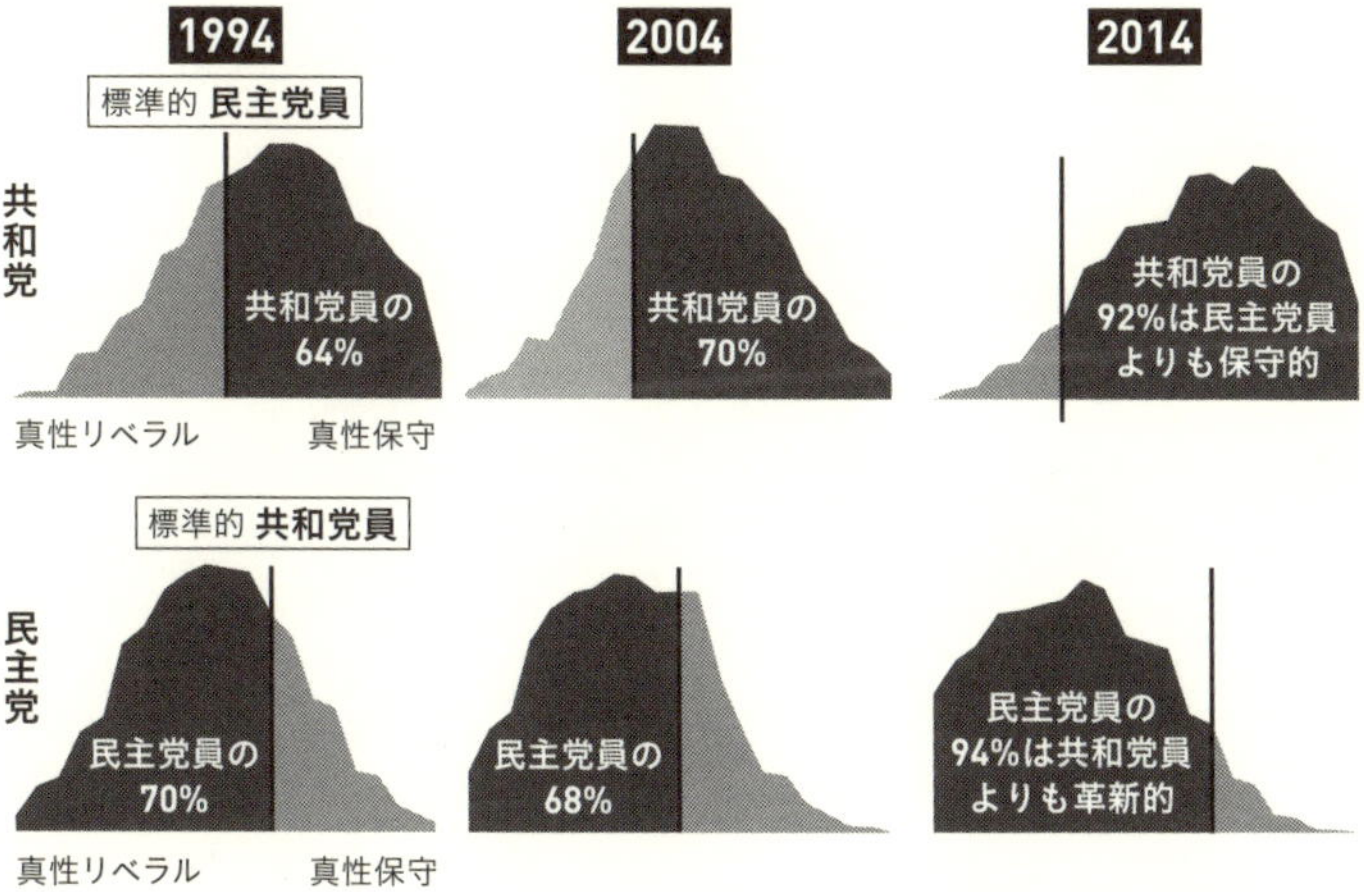

出典：PEW RESEARCH CENTER

考えで、それを比較点として共和党の人たちというのがだんだんと縦線よりも右側に寄っている。右側というのはより極端な保守方向に行くということです。

下の図が民主党員です。同じく標準的な共和党員を比較点にしたときに、民主党員がどんどん左側、より極端なリベラルに寄っている。2018年の中間選挙では、下院で民主党の女性議員がたくさん当選しましたよね。あの人たちは極端に社会主義的な発言が多い。逆に共和党は、「さらに右へ行きなさい」というドライブがかかっていると思えてならない。

このような傾向があるというのは2016年当時の私自身の認識であったし、明らかに現在でも続いている。アメリカがひどい分裂状態にあるとよく言われている理由はこれです。

人口動態とアメリカ政治

渡部 アメリカを見るうえで人口動態という要素は欠かせません。2015年の時点ではまだ50%以上が白人で、マジョリティを占めていた。それが2065年になると、白人が46%になると予想されています（図②）。

2065年でも多数派としての立場は維持していますが、50%のラインは割り込む状態になります。黒人はあまり変わらずですが、ヒスパニックが増えて、アジア系も増えていくと予想されています。

そして人種によって、民主党‐共和党支持の違いが明確にあるのです。それを示す資料も挙げ

図② 1965〜2065年、アメリカの人口動態の変化

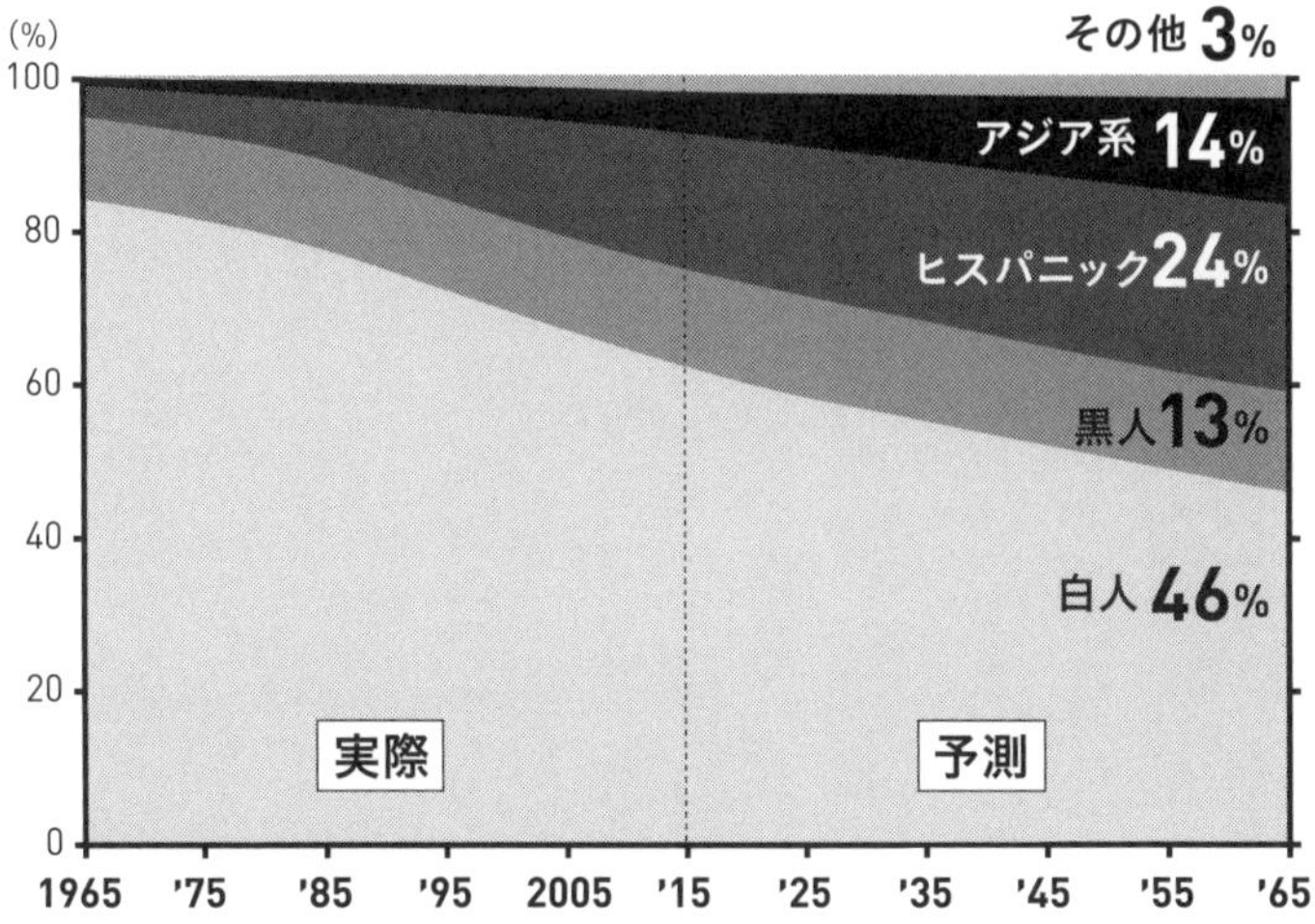

図③ 人種による民主党・共和党支持の違い

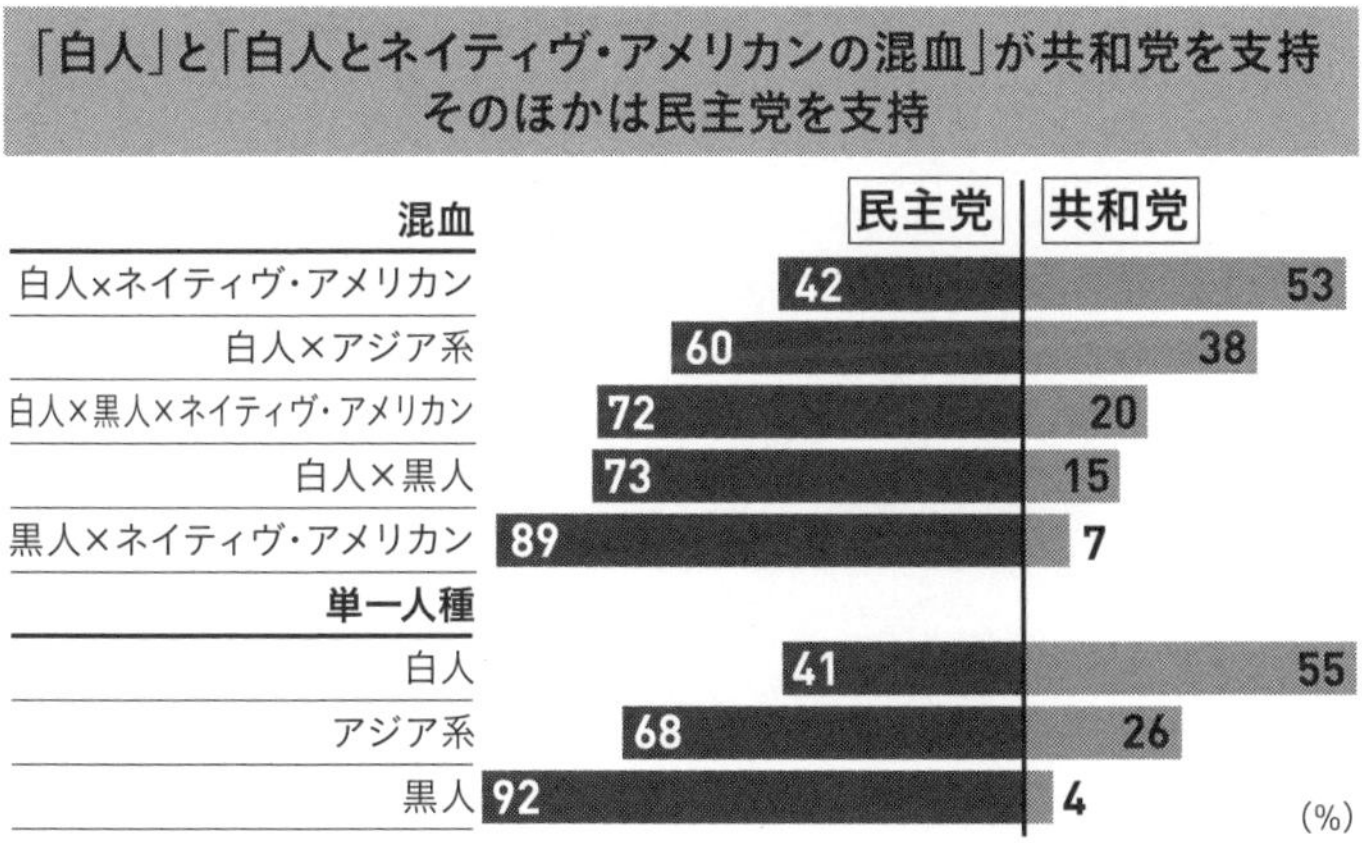

出典:PEW RESEARCH CENTER

ました（図③）。白人と、白人とネイティヴ・アメリカンの混血が共和党を支持し、そのほかの人種は民主党を支持する傾向があるという結果が出ています。

例えば黒人だけ見たら92％は民主党を支持しているわけですが、共和党支持はたった４％しかいない。ところが白人だけ見たら55％が共和党を支持している。アジア系は68％が民主党支持。

人種別に見ると、支持政党にこれほどの違いがあります。これを先ほど説明した人口動態の変化と合わせて見れば、将来的には民主党の優位が明らかだということになるわけです。

したがって、人口動態の変化は政治的にきわめて重要な意味を持ちます。先のようなデータを見て、２０１６年の選挙時に多くの共和党員には、「今回共和党から大統領を出さないと、もう二度と共和党から大統領は出ないんじゃないか」という危機感があったのです。だから共和党は一生懸命トランプを応援した。それが結束力を高め、白人が普段より多く選挙へ行った結果がトランプの勝利です。

ピュー・リサーチセンターも含めた調査結果では、投票前日でさえ2～3％の差でヒラリー有利だとずっと出ていました。しかしヒラリーを応援している人たちの多くは黒人で、投票に行かない人が多い。それが実際の結果としてトランプが大統領に選ばれる大きな要因のひとつになった。

ちなみにエズラ・ヴォーゲル名誉教授の口癖は「私は社会学者だ」です。社会学者視点でものを見る。中国の経済問題についてヴォーゲル先生に質問したとしても、彼は常に「私は経済の専門家ではない。社会学者だ」と答える。そういう彼の認識からしても、トランプの当選というのは驚天動地の出来事だった。予想していなかった。

江崎　ヴォーゲル教授らの意見を聞いていた日本のマスコミも、トランプ当選を予想していなかった。

渡部　私がいまつくづく思うのは、当時のハーバード大学界隈《かいわい》のエリート連中は、白人を中心とした保守的な人たちの考えというものを本当には理解していなかったということです。トランプにこれほどまでに強い支持を寄せるとは、とても信じられなかったのです。

その点は彼らも反省している。しかしもう一方で、トランプ当選という現象だけを見ていてはやはりダメなのです。それとは別に民主党が有利になる流れも確実にある。

昔からWASPといわれていますよね。ホワイトでアングロサクソンで、プロテスタント。まあこれがずっとアメリカ社会の支配層で、いまも支配層だと思います。宗教は非常に大切な要素であるし、そして白人であるということも大きな要素です。加えてアングロサクソンもいまだに非常に大きい。しかし、人種の構成や影響力の大きさはどんどん変わってきている。その部分も忘れてはいけないと思います。

各種選挙の結果を見ると、その変化がよくわかります。分断されたアメリカという現実が、かたや2016年の大統領選挙、もう一方では2018年の中間選挙に顕《あらわ》れたという見方をすべきだというのが私の立場です。

なぜ人種と支持政党が結びつくのか

江崎　おそらく一般の読者からすると、なぜ白人とネイティヴ・アメリカンの混血は共和党支持が強くて、いわゆる黒人やアジア系、ヒスパニックが民主党の支持に回るのかということが、わからないのではないかと思うのですが。

渡部　大雑把にいうと、全体の傾向として、白人のほうがお金持ちだという認識になろうかと思います。

共和党は伝統的に、「自分のことは自分でやろう」という考え方をします。これには宗教的なバックグラウンドがあります。イギリスからピューリタンたちがアメリカにやって来た。そしてこの場所で自分たちの努力によって神の国をつくるのだと。助けてくれる人なんて誰もいない。何があっても自分たちの力でやるしかない。その自助努力の精神が、アメリカを建国した白人たちの根底にあるわけです。

共和党の大きな原理原則は、そのような自助努力です。例えば健康保険や年金にしても、自分自身でお金を払って、自分の将来や健康に関してはほかの誰でもない自分自身で責任を持つべきだという考え方です。必然的に小さな政府への志向を持つことになります。

ところが黒人は、全体として見たら年収が少ない。いちばん年収が高いのは、現実にはアジア系です。日本や中国系、あるいは韓国とかインド。この連中のほうが実は白人よりもトータルで見たら年収が高い。しかし同じカラードなのに、いちばん下はどうしても黒人になってしまう。お金がないと健康保険などに入れない。保険や年金に入れないとセーフティネットが必要になる。そうして相互扶助的な民主党的政策を支持するようになるわけですね。

教育環境が悪いと大学にも行けない。例えば大学入試で「ヨーイドン」で戦ったら、黒人の合格率は低い。多く合格するのはアジア系です。いちばん勉強をするし、得点だけみればアジアの連中が勝ちます。

こうして順番からすると、アジア系、白人、そしていわゆる黒人になってしまいます。しかしそれだといつまでたっても黒人が上がれないじゃないかということで、下駄を履かせる。下駄を履かされているのです、実際に。そうしてハーバード大学などに入る。その下駄を多く履かせてくれるのは民主党なのですね。

共和党と民主党の歴史

江崎　歴史的な経緯を少し付け加えておきたいと思います。

戦前まではやはり共和党が圧倒的に強かった。ところが1929年に世界恐慌が起こって、ものすごい勢いで失業者が出ました。自分たちでなんとかしろと言われてもどうにもならないくらい、経済的なダメージが大きかった。世界恐慌のなかでアメリカは、確かGDPが半分くらいになっています。失業者だけでも1000万人以上出た。

当時は社会保障も満足にないような状況です。そこでフランクリン・ルーズベルトの民主党政権がいわゆるニューディール政策を提唱して、政府主導で貧困対策を行うという社会保障的な概念を取り入れ、政府が国民を経済的に支援するという政策を実施していった。そのなかで、とくにマイノリティといわれている人たちが公務員になって食わせてもらったり、あとは労働組合員が激増したりすることになる。

僕も何度も書いていますが、ルーズベルトが大統領になる前の労働組合員というのは100万人もいなかったのです。それが、ルーズベルトが大統領になって1941年ぐらいの段階で、800万人まで増えている。この労働組合のメンバーたちとマイノリティ、それから女性が民主党支持に流れた。

要は社会保障を受けることで得をすると思った人たちです。この人たちが民主党の支持勢力として出てきまして、これを総称してニューディール連合（New Deal coalition）と呼びます。このニューディール連合のメンバーたちが戦後、選挙マシンとしてアメリカの民主党を支えていく構図になっていくというのが、第1段階です。

第2段階が、ヴェトナム反戦運動のなかでのアメリカの凋落《ちょうらく》です。世界覇権国家を自称してきたのに、アジアの小国であるヴェトナム1国さえどうにもならないという凋落状況のなかで、民主党のリンドン・ジョンソンという大統領が現れた。このジョンソンが「偉大な社会（great society）」という言い方をします。この偉大な社会って何かというと、人種差別を乗り越えてみんなが豊かになれる社会をつくりましょうということです。

そんな社会をつくるにあたっては、とりわけ差別されている黒人たちを応援しないといけない。そもそも黒人たちがこんなひどい状況にあるのは、白人たちが搾取《さくしゅ》してきたからだと。だから白人はその償いをしないといけない。白人は、黒人差別によって儲《もう》けてきたのだから、その償いをしなければならない。こうした考え方を「白人の罪（white guilt）」といいます。

それまで黒人のリーダーであったキング牧師などは、黒人に「機会の平等」をくれと言っていたわけです。機会の平等さえあれば、そのなかで自分たちも努力して、白人と同等の権利を勝ち取るのだと言っていた。

でも、白人のジョンソン大統領は違いました。黒人が平等になるためには白人が罪を償わなきゃいけないと。そのためには機会の平等ではなく、もっと直接的に黒人に下駄を履かせ、白人に対する逆差別をしなきゃいけない。差別解消のためにはこういった考え方が必要だという政策プログラムをつくったのがジョンソンです。

それ以来、あらゆる意味で黒人に対する優遇策が取られるようになりました。同時に社会保障を充実させ、差別反対のもとでマイノリティを手厚く支援する。

民主党と共和党、どちらの考え方にも長短があり、どちらがいいとはそう簡単に決められることではありません。しかしこういった経緯のなかで、マイノリティの人たちが民主党支持へと回るのは当然だと言えます。

「白人の罪」と黒人の保守化

江崎　それに加えて、とりわけビル・クリントン大統領の時代から、経済政策が大きく変化してきます。いわゆるグローバル経済になっていくなかで、株主還元率や自己資本利益率（ＲＯＥ）といった指標が重視されるようになる。つまりは株主優遇政策が取られるようになります。それまで企業利益の20％ぐらいは社員の給料や設備投資に回っていたのですが、株主への還元率が重視されるようになり、企業利益の多くが社員や設備投資じゃなく株主に流れるようになった。

渡部　配当として。

江崎　そうです。その結果何が起こったのかというと、社員としてどんなに働いたって給料が上がらない。そして株を持っている人間だけが豊かになる。これが１９９３〜１９９４年頃からはじまった、いわゆるアメリカの格差拡大の原因だといわれています。

こうして経済的な格差がものすごく開いていった結果、アメリカは分裂した。この問題がまずひとつの議論としてあります。そしてもうひとつの議論が先ほど言った「白人の罪」の問題で、じゃあ下駄を履かされた黒人たちは出世して高い社会的地位を獲得したのかと……。

渡部　そんなことはなかった。

江崎　そうなんです。下駄を履かされた結果どうなったかというと、逆にスポイルされてダメになっていったのではないのかという議論が、黒人のなかから出てきはじめた。例えば、スタンフォード大学のシェルビー・スティール[※2]（Shelby Steele）などが「白人の罪」に基づく黒人優遇政策は間違いだったと主張し、大変な話題になっています。そのなかでやはり自助努力、自主独立の精神が大事だという議論が黒人のなかにも出てきて、その人たちが共和党を応援しはじめているのです。

加えてインド系も、社会保障の充実よりも機会の平等のほうが大事だ、甘やかされたら自分たちはかえってスポイルされるだけだと言いはじめた。

右のような論理立てをやったのが例えばディネシュ・デスーザ[※3]（Dinesh D'Souza）ですが、そういう議論が近年、盛り上がってきている。そうした議論の支持層がトランプ支持に回った。しかし保守派のこういった議論が、ハーバード大学も含めたリベラル系エリートの議論と交わっていないように見えました。

渡部 たしかにハーバード大学の連中にはそのへんが見えていませんでしたね。

江崎 まったく交わっていないです。いい譬《たと》えかどうかはわかりませんが、『朝日新聞』と『産

※2　黒人の保守系論客。シカゴ生まれで、現在はスタンフォード大学フーバー研究所研究員。自身の体験から、アメリカにおける人種の逆差別問題を批判する。著書『黒い憂鬱――90年代アメリカの新しい人種関係』（李隆訳　五月書房）でニューヨーク・タイムズベストセラー、全米批評家協会賞受賞

※3　インド生まれの保守系アメリカ人政治評論家・作家。ムンバイに生まれ、米ダートマス大学を卒業後、アメリカに帰化。インド系というマイノリティの出自を持つ保守・右派系言論人として活動。民主党のオバマやヒラリーに批判的な著作・映画も多数作成している

経新聞』の議論が没交渉のまま、平行線をたどっているようなもの。議論以前の問題で、ここまで違うと同じ国に住んでいながら、普段は生活も文化も情報もほとんど交わってないですから。

渡部 日本のメディアも基本的にトランプを色モノとして扱っていたみたいですね。

江崎 そもそも日本に入ってくるアメリカの情報というのがいわゆるリベラル寄りの論調ばかりですからね。

アメリカの大手メディアは基本リベラル

渡部 アメリカには東部エスタブリッシュメント（支配階級）と西部エスタブリッシュメントとあります。西と東のエリアでは白人が活躍していまして、ものすごく裕福な、知的レベルの高い人たちが多い。ところが南部と中西部というのはラストベルトとか、いろいろな言われ方をしますが、白人がたくさんいます。しかし学歴や所得があまり高くない。

東と西のエスタブリッシュメントの考えというのは、言ってしまえばハーバード大学的な考えです。それが典型的にわかるのが、CNNをはじめとしたメインストリーム・メディアと呼ばれる大メディアです。Mainstream mediaの頭文字をとってMSMと我々はよく言うのですが、MSMは基本リベラルです。

ただしFOXなんかは違います。トランプを支持する数少ないメディアです。私もFOXは必ずチェックしていました。『産経新聞』と『朝日新聞』が違うように、アメリカのメディアもいろいろある。したがってＣＮＮ、ＣＢＳ、いろんなものを見ながら比較しないといけない。それをやらないとアメリカが正しく認識できないのは確かなのです。

『ニューヨーク・タイムズ』とか『ワシントン・ポスト』は典型的なハーバード大学的なリベラリズムのメディアです。ただし『ウォール・ストリート・ジャーナル』はちょっと毛色が違う。『ウォール・ストリート・ジャーナル』を読む必要性というのは、まず経済的な観点をいちばん重視するんですが、政治的に見ると結構保守的です。よく読んでみると選挙期間中もトランプをかなりバックアップしていた。

江崎　保守というよりは『日本経済新聞』みたいな感じですよね。

渡部　それはわかりやすいですね。

江崎　その『ウォール・ストリート・ジャーナル』が、株主への還元率を高めようみたいな形でビル・クリントン以来の株主優遇政策を後押ししてきた。これで結局アメリカの中産階級の没落がはじまったわけです。いくら働いても給料が上がらないわけですから。

もうひとつ、設備投資をしない結果、何が起こるのかというと、アメリカの製造業が衰退していくわけです。

渡部　当然ですね。

江崎　株主優遇問題に輪をかけたのが、クリントンからブッシュの時代に行われた中国のＷＴＯ（世界貿易機関）加盟です。ＷＴＯへの加盟当時は中国からアメリカへの貿易額は日本円で、たしか5000億円ぐらいしかありませんでした。それが2016年の段階では約52兆円。

渡部　米中の貿易額は52兆円まで拡大し、その過程でアメリカの製造業はほとんど破壊されてしまった。小売業はウォルマート（世界最大のスーパーマーケットチェーン）によって徹底的に破壊されましたし。そうして製造業と小売業という、中産階級を支えていた仕事がどんどんなくなっていった。

結局それは、クリントン以来の株主優遇政策と、中国によるダンピング輸出が原因だと言えます。「おまえら、それでいいのか」と言って出てきたのがトランプという見方ができる。

そして整ったトランプ台頭の準備

渡部　まあこれが現実を捉えているかというと、実際には微妙なところもあると思います。でもそれをひとつの物語として提示して、「そういう構図があるのに放置しているワシントンのエスタブリッシュメント連中はけしからん。結局あいつらは大多数のアメリカ国民の味方じゃないんだ」と。労働者の利益を守るためにも、エスタブリッシュメントによる北京とニューヨークの株主中心の経済の仕組みを変えようと言ったのが、トランプですよね。

でもこのような議論は『ウォール・ストリート・ジャーナル』には絶対に載らない。批判の矛先が向くのが自分たちのスポンサーですから当然です。総じてどこを向いて報道をしているのかわからないメインストリーム・メディアへの不信感というのも、トランプを後押しした感がある。

江崎　若干見解が違うところもありますが、アメリカが分断されているという認識は渡部さんと一緒です。その分断を誰がつくったのかというと、株主と中国を優遇するＷＴＯも含めた経済・通商政策。これによるアメリカの中産階級、ブルー・ワーカーの没落が、過激な左右のイデオロギー対立を生んだ。トランプ大統領誕生はその結果にすぎません。

渡部　誤解を恐れずに言うと、この流れの裏にはアメリカを支配している本当の大金持ちたちがいるわけです。そのような連中がこういった状況をつくってきたと私は思っています。先の章でも触れたように、この人たちというのは大統領が誰であろうが自分たちの利益にするために活用してしまう。

　トランプが出てきたとき、この人たちも最初はびっくりしたと思いますよ。しかしトランプが大統領になったとたんに、自分たちの利益のためにトランプを利用しようとさっさと頭を切り替えた。いまでも思い出すのは、トランプが大統領になった瞬間に株価が落ちて、それから急激に上がったでしょう。あのストーリーは本当の金持ちたちが動いた結果ですよ。

　そして自分たちに有利になるように減税をやらせた。トランプがやってきたことというのは金持ちにとっては素晴らしいことばかり。金持ちがそのように仕向けてきたのです。

江崎　大規模減税は、もともとトランプが大統領選に出馬した際の公約に掲げていたもので、「小さな政府」を支持する共和党の伝統的な政策ですから、金持ちのために行ったということではないと思います。ですが、アメリカの庶民の可処分所得が増え、アメリカの個人消費が増えることは金持ちの利益につながる。そういう意味では、金持ちに有利な政策と言えないこともないですが。

リアリズムとリベラリズム……国際社会はリアリズム

渡部　トランプ率いるアメリカと中国の関係を見ていく前に、ここで国際政治の基礎知識としてリアリズムとリベラリズムという重要な分類を簡単に解説しておいたほうがいいでしょう。

リアリズムは現実主義とも呼ばれます。例えば国家内の秩序の場合では、政府が国を取り仕切っており、具体的な強制力として軍があり警察機構がある。では世界の秩序はどう保たれるのか。リアリズムでは、世界の平和と安定を取り仕切る組織がない状態を当然と考えます。そこで世界の構造を決めるものとして、バランス・オブ・パワー、つまり各国の勢力均衡を重視しながら国際政治を見ていく。これがリアリズムの立場です。

もうひとつのリベラリズムというのは国際協調主義です。この立場では、各国がビリヤードの玉のように押し合いへし合いするだけではなくて、例えば大きな世界国家のようなイメージを持つ。そのなかで各国同士うまくやろう、仲良くやろうよというものです。勢力均衡だけではなく、国際的な協調関係をより重視する立場がリベラリズムだと言えます。

こう分けたら私は確実にリアリズムの立場です。いままさに起きている米中の覇権争いを眺める視点としては、絶対にリアリズムで見なければいけないと考えます。

先述しましたが、ジョン・ミアシャイマーというシカゴ大学の教授がいます。彼はもともとハーバード大学にいたのですが、飛ばされた。なぜかというと、リベラリズムの牙城であるハーバード大学のなかで徹底的にリアリズムの立場をとっていたからです。彼は勢力均衡の立場からものすごく厳しい発言をしていました。

ハーバード大学のリベラリズムの風潮に合わなくてシカゴ大学へ行ったのですが、彼が昔から言ってきたのは、「中国の平和的台頭なんてあり得ない」ということです。必ず世界の安定にとっては悪い形で台頭してくるはずだと。その台頭する中国をアメリカは何がなんでも抑えつけるであろうと、ミアシャイマーは言い続けてきたのです。

ところが3年半前はアメリカにはまだパンダ・ハガーが多いから、ミアシャイマーの言うことなんか顧みられなかった。しかしいま、彼が言った通りになっているじゃないかというのが、私の見立てです。

中国に対するアメリカの見方というのはここ数年で明らかに変わった。国際政治のなかでリアリズムをとるか、リベラリズムをとるか、二者択一じゃないけれども、どうしても厳しめに国際情勢を見たほうがいいというのが私の言いたいことのひとつなのです。

江崎　このリアリズム対リベラリズムの対立という構図は、じつに重要です。どちらの立場をとっているかで国際政治や外交の見方はまったく異なるのですが、日本のマスコミはこの区別をよく理解できずにアメリカの意見を紹介している場合が多い。

逆にアメリカにおける国際政治哲学の対立を理解すると、トランプ政権の外交政策をより深く理解できるようになっていきます。

アメリカの外交政策

渡部　合わせてアメリカの対外政策の大分類も紹介しておきましょう。実際にはいろんな分類があるかと思いますが、ここでは五つの類型に分けてみます（図④）。孤立主義、2種類の多国間主義、同じく2種類の単独主義[※4]です。

例えば単独主義の典型例はジョージ・W・ブッシュです。彼がはじめたイラク戦争は明らかに、アメリカの卓越した軍事力でアメリカの国益を実現するのだという立場ですね。

トランプは単独主義で、やるべきことは「アメリカ・ファースト」でアメリカ単独でもやるという立場ですが、孤立主義的な側面もある。

図④　米国の対外政策の5類型（渡部案）

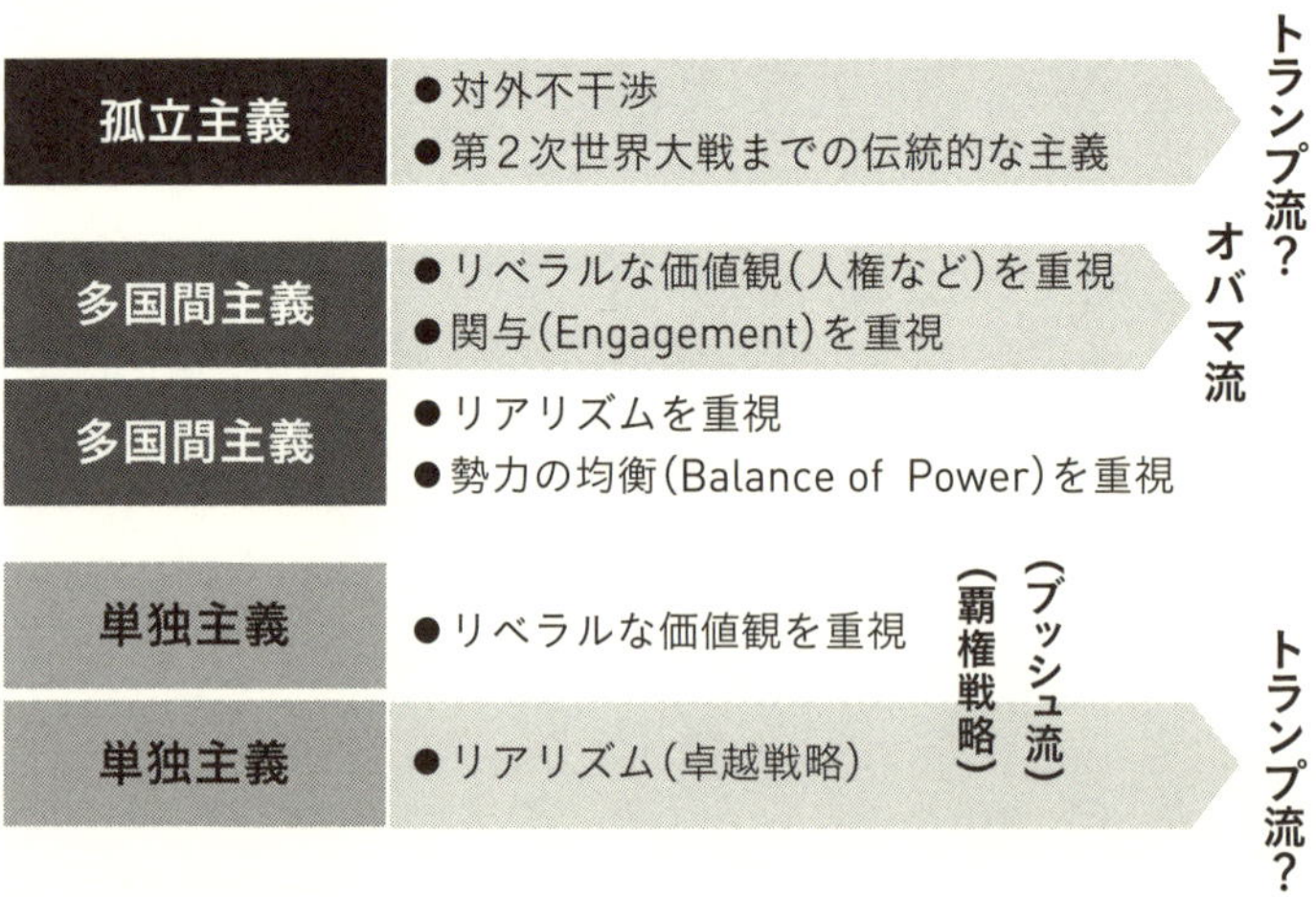

類型	内容	
孤立主義	● 対外不干渉 ● 第2次世界大戦までの伝統的な主義	トランプ流？
多国間主義	● リベラルな価値観（人権など）を重視 ● 関与(Engagement)を重視	オバマ流
多国間主義	● リアリズムを重視 ● 勢力の均衡(Balance of Power)を重視	
単独主義	● リベラルな価値観を重視	（ブッシュ流） （覇権戦略）
単独主義	● リアリズム（卓越戦略）	トランプ流？

例えばシリアやアフガニスタンから撤退する、あるいは在韓米軍を撤退させるなどと言う。厳密には孤立主義者ではないですが、このように孤立主義的に見える側面も持っている。

第2次世界大戦までアメリカの対外政策は明らかに孤立主義です。第1次世界大戦だってヨーロッパの戦争には参戦したくなかった。第2次世界大戦の参戦にも当初は消極的だった。そのような側面から見れば、孤立主義というのはアメリカにとって伝統的な対外政策のひとつと言えます。

そして多国間主義。典型的なリベラリズムがここに入りまして、国際協調主義に基づきながら、多国間で世界の諸問題を解決しようとする。オバマが典型例です。こういう分類をしたら、だいたいどの大統領もどこかに入ります。しかしトランプのすごいところは、どこにも入らないということです。

事実に基づいた視点

渡部　どうしてこういう話を出すかというと、江崎さんも言っておられますが、事実に基づいて話をしていくのが大切なのだということです。好き嫌いで判断や分析をするのではなく、客観的事実に基づいて分析しなければならない。

トランプが嫌いな人は大嫌いですし、好きな人は本当に大好き。そして私にも好き嫌いはある。

※4　単独行動主義とも。国際協調を重視する多国間主義と対比される姿勢で、自国中心主義的・単独行動的な傾向を指す

しかしトランプという存在を考えてみたときに、例えば対中国政策に限っていうと、トランプは明らかにすごい。

あんな思い切ったことを実行できる人はアメリカの過去の大統領にはいなかった。オバマはもちろんですが、ブッシュもできなかったし、クリントンもできなかった。それがなぜトランプにできているのか。これはやはり分析しなければいけないと私は思っているのです。

外交や安全保障は好き嫌いで判断する問題ではありません。現役アメリカ大統領としてのトランプを、事実に基づいて総合的に分析する。その結果、やはりトランプの対中国政策は正しいと思います。

例を挙げれば、トランプ政権は中国からの輸入品に対して3回にわたり追加関税をかけ、中国のＩＴ企業であるファーウェイ（華為技術）やＺＴＥ（中興通訊）に厳しい制裁を加えるなど、具体的で強い行動をとっています。

この背景には、習近平主席が主張する「中華民族の偉大なる復興」や「中国製造２０２５」などで明らかな中国の野望――（中華人民共和国建国１００周年である）２０４９年までにアメリカを追い越して世界一の国家になること――に対するアメリカの危惧や、目にあまる中国の問題行動に対するアメリカの怒りがあります。

中国の問題行動としては、例えば中国市場は外国企業に開放せず、かたや開放されている米国市場でアメリカ企業を買収し、先端技術を入手しているという事実があります。あるいは、中国に進出する外国企業に対して技術の提供を強制している事実。人によるスパイ活動（ヒューミント）やサイバー攻撃でアメリカの最先端技術を窃取している事実。アメリカ国内での中国の影響力を拡大するために、政界・経済界・国防総省等の中央官庁・大学・シンクタンクに工作を行っている事実。

江崎　トランプ大統領の対中政策のブレーンのひとりが、カリフォルニア大学のピーター・ナヴァロ教授ですね。日本でも、彼の著書の翻訳が『米中もし戦わば』（赤根洋子訳　文藝春秋）として出されていますが、こうしたナヴァロ教授らを登用して厳しい対中政策を推進しているのがトランプ政権です。

トランプ大統領誕生と中国への警戒の広まり

渡部　私がアメリカにいた2年間、パンダ・ハガーの中国専門家に変化はほとんどありませんでした。しかしトランプが２０１８年に米中貿易戦争を仕掛けてから劇的な変化が起こりました。そのなかでも大きかったのが、女性の中国専門家たちが統一戦線工作部のことを訴えはじめたことです。これはものすごくインパクトがありました。

ツイッターなどで情報を発信している、国際関係、とくに中国を専門とする女性たちがいるのですが、彼女たちが中国に対して本当に厳しいのです。かなりきつい中国批判をやる。

そもそも中国統一戦線工作部が行っている各種工作の影響を最初に深く認識したのはオーストト

ラリアやニュージーランドです。つまりアングロサクソン系のファイヴ・アイズ（オーストラリア、ニュージーランド、カナダ、アメリカ、イギリス）の一角です。

江崎　ファイヴ・アイズというのは、エシュロンという特殊な通信ネットワークで世界の通信情報を集め、分析するインテリジェンスの国際ネットワークのことですね。

渡部　統一戦線工作部の工作の主対象がファイヴ・アイズなんです。ファイヴ・アイズの国々は英語圏であるし、国際社会への影響力が大きい。つまり工作によって得られるものも大きい。それを中国は理解していて、政治、経済、アカデミア、ありとあらゆる分野に工作を仕掛けていったのです。その工作を深く認識したのが、この女性専門家たちなのですね。

具体的に言うと、[※5]戦略国際問題研究所（CSIS）のボニー・グレイサーとか、[※6]ウィルソン・センターのアナスターシャ・ロイド・ダムジャノビックといった人たちが声をガンガン上げはじめた。例えばダムジャノビックは、アカデミアの世界でいかに中国の工作が進んでいるかをはじめて統計的に示した報告書を書いて、大きな衝撃を与えました。[※7]新アメリカ安全保障センター（CNAS）のエルサ・カニアは、AI（人工知能）や5G（第5世代移動通信システム）といった最先端技術を中国がいかに軍事転用しているかということを次々と暴いていきました。

江崎　要は官僚ではなく、民間シンクタンクにいる若き女性専門家たちが、トランプ政権の対中政策を支えているわけですね。

渡部　ほかにも、自分の家に何回も侵入されたと書いているニュージーランドの女性中国研究者アンネマリー・ブラディーもいます。自分の使っていたコンピュータを盗まれたり、車に重大な事故が起こる細工をされたりするなどの妨害を受けながら、中国の迫害を徹底的に批判する立場で情報を発信している人です。

多くの人たちがそういった発信に気がつきはじめたのです。これはものすごくいいことですよ。そしてやはりファーウェイやZTEをはじめとした企業と中国当局とのつながりです。これが大きな問題だということは、技術に詳しい人にはずっと前からわかっていました。それを国防総省だけじゃなくUSTR（米国通商代表部）も含めて、トランプ政権がその事実をどんどん表に出していった。やはりこれが功を奏したと思いますね。

変化こそアメリカの核心である

江崎　アメリカという国は、状況への対応でどんどん変わる国ですよね。官僚主体の連続性を重

※5　とくに国防や安全保障分野に強いワシントンD.C.にある外交政策シンクタンク。日本の政治家や官僚も多く出向して学んでおり、日米関係にも強い影響力を持つ

※6　正式名称は「研究者のためのウッドロウ・ウィルソン国際センター」。ワシントンD.C.にある政府系シンクタンク。環境問題や歴史などの幅広い分野を扱っているが、やはり国際政治に強い。アジア、アフリカ、ヨーロッパなど、地域別の研究プログラムを実施している

※7　安全保障問題に特化した比較的新しい公共政策シンクタンク。軍事関連研究に強みがあり、なかでもアジア、とくに中国の台頭に関する研究に力を入れている。所在地はワシントンD.C.

んじる日本とはまったく違っていて、民間シンクタンクの若い専門家たちの知見をどんどん採用していく。そしていまは、対中強硬派のドラゴン・スレイヤーが優勢。でも、2年後ぐらいにはまた状況が変わっている可能性も十分にある。アメリカの国際政治をずっと見ている立場からすると、その変化の速さと大きさというのは想像がつかないくらいです。そういう意味では、アメリカとは劇的に変わる国だということも理解しておかないといけないと思います。

渡部 その通りですね。ただ、いくらアメリカの変化が大きいといっても、あの国が社会主義化するというのは私には耐えられない。2018年の中間選挙では下院において民主党が多数を占めましたから、その動向が注目されます。私にとってはバーニー・サンダース上院議員にあれだけ若者を中心として人気があるというのは異常なことに見えます。そして中間選挙で当選した女性たちが医療制度や年金などで社会主義的な主張を展開することを、唖然《あぜん》として見ています。

江崎 変な譬《たと》えですけど、福島瑞穂先生や辻元清美先生のような方が大量に当選したようなもの。講演でこの譬えを使うと、皆さん「ああ」って理解してくれます（笑）。

渡部 下院議長のナンシー・ペロシでさえ、同じ民主党の同僚議員アレクサンドリア・オカシオ・コルテスなどの女性議員のラディカルな発言には眉をひそめています。

江崎 だから米民主党はそれで自滅していくだろうと思いますが、米中関係については中国もしたたかなので、次の手は打っているでしょう。渡部さんもおっしゃるように、残念ながら日米関係よりも米中関係のほうがよっぽど人的に深いですし。

渡部　そこは甘く見てはいけませんね。

アメリカの覇権主義

渡部　結局アメリカと日本の根本的な違いは何かというと、覇権への志向性です。アメリカ人は自国を特別な国だと思っています。特別な国アメリカは世界の安定に責任を持たなければならないと思い込んでいる人たちが結構いるわけです。

それについてアメリカの外交アナリストであるマイケル・リンドが『米国流戦略』（邦訳なし）のなかでうまくまとめてくれていますので、少し長くなりますが引用します。

〈米国の政治家たちはリベラル（注：ここでいう「リベラル」は、国際協調主義を中心とする価値観〔自由、平等、民主主義、基本的人権の尊重など〕の観点では米民主党のそれと同じ。トランプを除き、冷戦終結以降の歴代の米国大統領はリベラルな世界秩序を追求してきた）な国際主義を世界秩序の基本とした。米国が19世紀に大国として台頭して以来、ふたつの目標を堅持してきた。北米における米国の覇権を維持することと、欧州、アジア及び中東において敵対的な大国の覇権を予防することだ。ふたつの世界大戦において多極世界における大国の協力により北米以外の地域における覇権国の強大化を妨害してきた。ソ連の崩壊以降、１９９０年代と２０００年代の米国指導者は、冷戦時代に構築した覇権的な同盟システムを米国による半永久的なグローバル覇権に転換した。歴代の大統領がいかなる政策や戦略を宣言しようと、米国の実際の戦略は卓越（primacy）戦略だ。卓越戦略のふたつの目的は、米国が他国に安全を提供することにより、リベラルな世界秩序を構築することとソ連のような新たな潜在的ライバルの出現を妨害することである。それを覇権と呼ぼうと卓越と呼ぼうと、このすべての地域を力で支配しようという冷戦終了後の米国の計画は、他の裕福で軍事力のある大国と協調し、平和維持を分担しあうという冷戦終了以前の政策からのラディカルな転換なのである。（訳は引用者による）〉

何を言いたいかというと、「アメリカはずっと覇権国であり続ける」、これがとくに白人エスタブリッシュメントの本当の思いだということなんです。だから冷戦下であろうと、日本の経済的パワーがアメリカにとって脅威であると思えば、日本を叩く。軍事的に台頭してきた国も叩く。そしていま、中国という最強の敵が出てきた。アメリカという国は本能として覇権戦略を持っているから、アメリカの覇権を守るために相手の国をどのように叩くかということを一生懸命考えている。

そのためには自分に有利な秩序をつくっていく。ＷＴＯもそうだったし、ＩＭＦもそうだったし、ＮＡＴＯもそう。アメリカがつくったありとあらゆる機関や秩序というのは、アメリカの覇権を確立するためにあるのです。

例えばジョージ・Ｗ・ブッシュ大統領。２００３年のイラク戦争の開戦理由として、「イラクの連中にアメリカの民主主義を叩き込んでやるのだ」と断言しました。先述のように彼が目指したのは単独主義で、「アメリカの普遍的な価値観である自由と民主主義を、アラブの連中に教えてやるんだ」は彼の本心です。自由や平等や民主主義といったアメリカが重視する価値観をほかの国に広めることはアメリカの使命であり国益にもつながると考える。

第2次世界大戦が終わってからの歴代大統領を見たら一様にそういう大統領ばかり。例外はオバマくらいですか。

オバマは、アメリカはもはや世界の警察官ではないということで、アメリカの単独主義を明らかに否定しました。覇権国アメリカということを言わなくなったのが唯一オバマです。しかしそれがアメリカ国民、とくに白人にとっては面白くない。アメリカにはもっと力があるはずだと。まさに"Make America Great Again."です。

そういうことがあるから議員たちも、世界一のアメリカを守るためにはどうしたらいいかということを真剣に考えます。日本の政治家で「世界一になろう」なんていうのはまずいない。「なんで2番じゃダメなんですか」みたいな人たちばかりだと思うのです。とくに軍事的には。

アメリカは世界の警察を続けるのか

江崎 ただ、トランプももう世界の警察官を続ける気はないと思います。

渡部 そうです。しかしオバマとトランプでは中身が違う。

トランプより前にもオバマが「世界の警察官ではない」ということを言いましたが、オバマの場合はもうアメリカにその力はないという認識がその裏にありました。

あのときいちばん大きな影響を与えたのは、上院と下院のねじれ現象であったと思います。オバマが大統領になった後の中間選挙で、共和党に下院のマジョリティを取られてしまいました。上院と下院でねじれが発生して決められない政治に陥り、オバマのやろうとしたことがことごとく拒否されました。

加えてあの時期には連邦政府のシャットダウンもありました。そこで真面目なオバマは悩んだのですよ。そして彼がいちばんネガティヴな気持ちになっているときに、シリアの問題が起こった。オバマは自分の頭のなかを整理していない段階で、シリアの化学兵器使用に対して「レッドラインを越えた」と言ってしまった。「レッドラインを越えた」という言葉をアメリカ大統領が発したら、これはもう武力を使うということです。しかし、議会でも調整をやっていなかったし、国民もそんなこと望んでないということで、実際にはそれ以上の軍事行動をあきらめざるを得なかった。

結局ここでオバマは、アメリカ一国だけで紛争解決はできないと考えたのです。しかしそれを現役アメリカ大統領が実際に言ってしまうと、影響が大きすぎます。このオバマ発言をいちばん歓迎したのは中国とロシアだと思います。両国ともにますますオバマのアメリカを恐れることなく、世界で影響力を拡大してきました。それは中国の南シナ海での人工島の建設や、ロシアのウクライナや中東での行動に表れています。それでオバマは共和党の連中から徹底的に叩かれました。

江崎 アメリカの保守派のなかには、アメリカの覇権を損なうためにオバマはわざと中国やロシアの対外侵攻政策を黙認したと批判する人もいますね。

渡部 逆に現在のトランプは「アメリカ・ファースト」ですから、儲けにならないことはやらない。彼も「アメリカは世界の警察官じゃない」と言いますが、オバマ的な意味ではなく、むしろ「損してまで警察官をやる気はない」というほうが正確だと思います。

江崎 「損をしてまで世界の警察官をやる気はない」という表現は的確だと思います。ただ、同時にトランプは、世界の自由と民主主義を守るためにもアメリカの経済を立て直さないといけないのだ、という趣旨の演説もしています。覇権国家アメリカを維持するために、いまは疲弊したアメリカ経済の再建を優先させるという意味合いもあるかと思います。

渡部 先ほど引用したマイケル・リンドの文章のように、歴代の大統領たちは「アメリカは世界の警察国家としてナンバーワンでなければならない」と考えていた。アメリカのリベラルな価値観を世界に広げるのだと。ところがそうして膨大なカネや人やエネルギーを費やして中東で展開したことというのは、アメリカの国力を落としただけだったとトランプは思っている。だからトランプがいまいろんなところから米軍を引き上げようとするのは、よくわかります。覇権国であり続けることと、苦労だけ多い地域において警察官をやめることの間に矛盾はないと。

面白いのは、リアリズムを主張している人たちが米軍の海外撤退がいい政策だと思っていることです。リアリズムを信奉する前述のミアシャイマーなどのリアリストは、国益を中心に安全保障を現実的に考えます。アメリカの国益を守るためにバランス・オブ・パワーは重視します。しかしリアリストは、米軍が中東やアジアに前方展開する必要はなく、当事国の安全保障は当事国（例えば日本）の責任だと思っています。ですから、前方展開する米軍が危険な状況にあり、アメリカの国益に合致しないと判断すれば、この人たちは米軍の撤退を主張します。

江崎　２０１６年の秋に、アメリカの米軍基地のカフェテリアでコーヒーを飲んでいたとき、「あなた方は先の大統領選挙で誰を支持したのか」と尋ねたんです。そうしたら、数名の米軍の将校たちはみな「トランプ」と答えたので、その理由はと聞くと、「トランプは海外の米軍基地を減らそうとしている。そうなれば苦労が多い海外勤務が減るので、トランプを支持した」と答えてくれました。アメリカの覇権を維持するためとはいえ、米軍の将校たちも海外に米軍基地を置くことに疲れてしまっている側面があるのです。

渡部　在日米軍の撤退も、リアリストにとっては違和感のない選択肢なんです。これは日本人のあまり知らないところですけど、ものすごく大切な点です。

だから、トランプがいろいろなところから米軍を撤退させるというのは一理あります。私も「米軍は中東からは撤退すべきだ」とずっと言ってきたんですけど、その点ではトランプと同じ意見なのです。

それと付け加えておきますが、オバマがイラクからの撤退で失敗したのは、即撤退してしまったからです。道筋をつけずに撤退したからメチャクチャになった。シリアからの撤退も私はいいと思います。手順を踏んでやれば問題ない話です。マティスもボルトンもそれを言っています。

江崎　地域のバランス・オブ・パワーを維持しつつ撤退していくことが大事であって、いきなり全部引き揚げたら力の空白が生まれて、結果的に紛争を招くことになりかねない。その危険性を民主党のオバマ政権はわかっておらず、ＩＳ（イスラミック・ステート）を肥大化させてしまった。しかし少なくともいまのトランプ政権の幕僚たちは、そこのところはわかっている。海外からの撤退といっても、時間をかけて撤退することと、直ちに撤退することは別の話なので。

アメリカに対等なパートナーは存在しない

江崎　渡部さんのおっしゃる「アメリカは世界の覇権国として、絶対その覇権を守るという強固な意志に基づいて世界戦略をつくっている」ということは本当に理解したほうがいいと思います。

アメリカのインテリジェンス・オフィサーたちと付き合っているなかでこういうことがありました。在日米軍のある基地の司令官の交代式の晩餐会《ばんさんかい》に呼ばれて10人ぐらいで食事をしていたところ、僕に挨拶しろと言う。そこで「我が日本もアメリカのイコール・パートナーとして頑張っていきたいと思います」みたいなことを言ったら、微妙な空気が流れたのです（笑）。

そのあと晩餐会に招待してくれた人が僕のところに来て、「江崎さん、江崎さん」と。「米軍幹部に言ってはいけない言葉のひとつが『イコール・パートナー』だ。守ってもらっているくせに、アメリカに『対等』なんて言葉を使うなんてふざけるなと内心みんな思っている」と言うわけです。「それはイギリスだろうがドイツだろうが日本だろうが同じで、アメリカとイコール・パートナーなんていうことはあり得ない。外交辞令としては聞くけど、内心『ふざけるな』という感覚を持っている。僕らと仲良くやりたいと思うなら、『イコール・パートナー』ではなく『パートナー』にしておいたほうがいい」と。

「いやJapan-US Alliance、日米同盟じゃないんですか」と言ったら、「僕はもうリタイアするし、江崎さんはいいやつだから言っとくけど、Allyってどういう意味か知ってる?」と返してくる。僕が「同盟国という意味でしょ」と言ったら、「まあ、辞書的にはね。だけどアメリカの政治家や軍幹部たちが使うAllianceっていう言葉は、従属国っていう意味合いが含まれているんだよ」と。

　要するに内心はほかの国を自分たちの駒だと思っている。「あなた方は愉快じゃないかもしれないけれども、そういう感覚を理解したうえで僕たちをどう使うかを考えたほうがいいと思うよ」と。しかしその後、「我々は単純だから、『世界ナンバーワンのアメリカは素晴らしい』とか言われるとその気になっちゃうんだ」と付け加える（笑）。

　そして「単純な我々をうま〜く使うのに長《た》けているのがイギリスだ」「僕たちをしたたかにうまく使いこなすためにも、アメリカのトップ連中が内心どう思っているか理解しておいたほうがいいと思うよ」と。

中曽根の低評価、小泉の高評価

江崎　もう少し言うと、「悪口は言っちゃいけないけれども、お前のところに中曽根って総理大臣がいただろう。彼はそういうことを全然わかっていなくて、陰ではものすごい不評を買ったんだ」と。「『イコール・パートナーとか日米同盟だとか、何を言ってるんだよ』とみんな思っていた。自分の国もちゃんと守れない日本がロンヤス？　自分たちの置かれている状況が何もわかってないじゃないか」と言って本当にバカにしていたらしいんです。

逆に、小泉総理は見事だったと言うのです。要するに自分たちがAllianceであることをわかったうえで、いかにアメリカを使うかを考えていた人物だったと。「あいつはしたたかだった。大したもんだ」と小泉さんの評価はえらく高い。真偽のほどは不明ですが、彼はこう言ったのです。「アメリカは小泉にうまく騙《だま》された。北朝鮮の拉致問題のときも、金正日《キムジョンイル》を脅かすためにブッシュは空母を日本海に展開させた。小泉の訪朝で何かあったときは爆撃するというところまでアメリカ政府は支援した。アメリカがそこまで踏み込んだから北朝鮮もビビッて拉致被害者を一部でもいいから返さざるを得なくなった。小泉は俺たちをうま〜く使うことを心得ていた奴で、こちらから見ても見事だった。なんでそんなやり方を知っていたのかは知らないけど」と。

渡部　変人だったからじゃないですかね。

江崎　だから彼らと付き合うときには、渡部さんがおっしゃるようなアメリカのヘゲモニー・ステート（覇権国）観や卓越戦略をきちんと理解することが大切なのです。彼らの思考方法のかなり根っこにあるものですから、そこをうまく使えるか、あるいは逆鱗《げきりん》に触れる形になるのかでは大きな違いが出ます。

もっとも「なんでもアメリカ様の言う通り」みたいな卑屈な態度をとると、それはそれでアメリカの政治家や米軍幹部たちからバカにされてしまう。彼らは国益を必死で守ろうとしない政治家は、信用しませんからね。

こういう微妙なニュアンスを日本の政治家たちは本来死に物狂いで勉強しなきゃいけないのですけどね。「日米同盟だから対等な関係で協力し合い……」なんてことを漫然と言っていると、向こうからは内心「お前さあ……」と思われるだけなんです。

ブッシュと小泉、トランプと安倍

渡部　私が感じるのは、小泉さんと安倍さんの共通点です。例えばジョージ・W・ブッシュは2001年にテロとの戦いを宣言した後、2003年にイラク戦争を仕掛けて、それが失敗したわけです。そのとき西側諸国の指導者はブッシュを叩いた。

それをただひとり、日本の変人首相が、わけのわからないカウボーイのパフォーマンスとかやりながら、うまく国際社会とアメリカの間に入った形になった。このことはいまのトランプと安倍首相の関係と似ている部分がありませんか。

江崎　ありますよ。安倍さんはやっぱり小泉さんに引き立てられて総理になっているので、やり方を小泉さんから聞いているのだと思います。だから安倍さんはうまいです。
渡部　その意味では私もうまいと思います。
江崎　猛獣使いをうまくやっていますよね。
渡部　これに関しては本当に信じられないことだと言っていいのではないでしょうか。トランプ大統領が当選した直後に、世界ではじめて国家のリーダーとして会った。あのとき安倍首相にはものすごい緊張感があったと思いますよ。「虎穴に入らずんば虎子を得ず」で、うまくいったのです。オバマ退任前に会いに行って批判もされましたが。
江崎　外務省はオバマ退任前のトランプとの会見に猛反対していましたからね。外務省はヒラリーが当選することを前提にしていて、トランプの調査をまともにやっていなかったですから。安倍さん、そこは賢くて、外務省だけでは心配だといって、経済産業省と財務省ルートを使ってトランプの調査をやっていたのです。あとイスラエルのネタニヤフ・ルートで情報を取っていた。僕が知っている限りでも、三つのルートを外務省とは別につくって、トランプの分析をやっていたのです。これはいま考えると大きかった。

安倍総理に近い方にも申し上げたことがあるのですが、トランプ大統領は、国際協調的なリベラリズム外交であるウィルソン主義を批判しているだけであって、同盟国の軍事力強化を重視するバランス・オブ・パワーに戻そうと思っている。「いい」「悪い」の話ではなく、トランプがそう考えの持ち主であることは理解したほうがいい。そして逆にアメリカ国務省は、話し合いで国際紛争を解決しようとするウィルソン主義なのです。国務省の連中の言っていることだけ見ていると、トランプに関して勘違いしますよと。

渡部　まさにその通りですね。日本の外務省も、当然ながら国際協調主義ですよ。

江崎　日本の軍事力の強化が必要となるバランス・オブ・パワー、リアリズム外交を推進するトランプ政権の誕生は、日本を経済的・軍事的に強くしていくチャンスなのですが、そのことを理解できる人が日本側に少ないことが残念です。

第3章 ── したたかなドイツ、混乱の韓国

ドイツ留学で見えたもの

江崎　渡部さんはドイツにも留学されています。第2次世界大戦の敗戦国同士ということで何かと比較されるところがある2国ですが、自衛官としてドイツに留学され、どのような印象を持たれましたか。

渡部　私は1991年から1993年までドイツに留学しましたが、本当に貴重な2年間でした。政治的な背景としては冷戦の終結が1989年12月ですから、その2年後の話になります。

留学当時を振り返ると、忘れることのできないいくつかの学びがあります。

まず、社会主義の壮大な実験は失敗したという事実です。同じゲルマン民族が東西に分かれて競争し、社会主義は敗北し、資本主義が勝利しました。この結果の意味するところは、マルクス・レーニン主義も社会主義も誤りだったということです。それが私にとっての最も大きな学びです。ですから、いまだに共産主義や社会主義を主張する人たちが世界中にいることに私は唖然《あぜん》としています。

第2に、統一に伴う西ドイツの傲慢と東ドイツの悲哀です。統一後、勝利した旧西ドイツの国民は明らかに旧東ドイツに対する優越感を持っていました。旧東ドイツの人たちが一段も二段も劣った存在であるかのように扱っていたのです。これは統一の悲劇です。

例えば、旧東ドイツの軍人たちは、旧東ドイツ軍の崩壊と共に職を失いました。希望者のほんの一部は旧西ドイツ軍に入隊が許されましたが、旧東ドイツ軍時代の階級から2階級下げられました。これは軍人にとって大変な屈辱ですが、生きるためには耐えなければいけなかった。

また、旧東ドイツ軍が持っていた兵器は原則破棄されましたが、私にはなんと乱暴なことをするのかという思いでした。破棄された兵器のなかには自衛官として喉から手が出るほど欲しい兵器が含まれていました。具体例を挙げると、ソ連製の「T-72」や「T-80」などの戦車、「BMP-2」などの装甲歩兵戦闘車です。私はその当時、これらのソ連製兵器にいかにして勝つかを研究し、訓練していたからです。

しかし、西ドイツの人たちにはプライドがあったのです。西ドイツにはドイツが世界一だと誇る戦車「レオパルト」があるし、優れた装甲歩兵戦闘車「マルダー」も持っていました。そんな彼らからすると、ソ連製の兵器を採用するわけにはいきません。ただ、あの当時、捨てられる運命にあったソ連製の兵器を自衛隊が購入していれば、教育訓練や研究開発に役立ったであろうと思うことがあります。

第3に、社会主義国家の必然ですが、東ドイツにおける徹底した監視社会の悲劇です。秘密警察である国家保安省（通称シュタージ）が徹底した監視網を職場や家庭にも構築し、東ドイツの秘密警察関係者は190万人以上（人口の1割以上）いたという異常な状況でした。子供が親を監視し、兄弟同士で監視し合う状況は悲劇です。また、シュタージは多くのスパイを西ドイツに送り込みましたから、東西統一後にシュタージの暗躍が明るみに出て国民に衝撃を与えました。

これらの社会主義国における秘密警察と監視社会の問題は、現在も中国、北朝鮮などの社会主義国の問題でもあり、軽視してはいけない問題です。とくに中国の夢である「米国を凌駕する覇権国家」が実現してしまえば世界はどうなるか。想像するとぞっとします。

江崎　警察が国民を弾圧する社会主義体制がいかに恐ろしいのか、日本人にはピンとこないかもしれません。

渡部　ついで移民や難民の問題もあります。当時ドイツには多くのトルコ人が移民労働者（ガストアルバイター）として働いていました。彼らの職は3K（きつい、汚い、危険）の職が主です。ドイツ人がトルコ人を見る目は上から目線です。当時からドイツ人とトルコ人の間には移民問題が存在しましたが、とくにドイツ人右翼はトルコ人を明らかに差別していました。

最近でも2015年以降、中東やアフリカから欧州への難民問題が深刻になりました。ドイツのメルケル首相は難民に寛容で、年間100万人もの大量の難民を受け入れましたが、治安問題などが発生し、ドイツ人の難民排斥感情を強めた側面がありました。そのためメルケル首相は政治的なダメージを受けてしまいました。ドイツはゲルマン系を主とするドイツ民族が主体で、移民や難民に寛容な人も多いのですが、それに反対する右翼も多く活発に活動しています。ドイツの移民問題は日本にとっても参考になります。

戦前と連続性のあるドイツ、断絶した日本

渡部　日独の比較に話を移しますと、よく「ドイツ人と日本人は似ている」とか言われますが、まったく違います。たしかにうわべは似ています。例えばpünktlichという単語がドイツ語にありまして、「時間に正確な」という意味です。ドイツ人は日本人と同じように時間に正確です。列車の運行とか、人との約束の時間を守るとか、そのあたりはまったく同じ。そして清潔好きのところも似ている。

かようにうわべだけは似ていますが、やはり多くの点では根本的な違いのほうが目につきました。例えばドイツ人は「個人の責任」ということを徹底的に言います。日本では逆に「連帯責任」みたいなことがよく言われますよね。日本の子供たちに何かを教えるときでも、ひとりの失敗を連帯責任としてみなが同じように罰を受けるとか、そういう場面がある。しかしドイツ人は個人の責任ということを徹底的に言うわけです。

第2次世界大戦ではドイツも日本も敗戦国になったわけですが、ドイツにおいては敗戦は究極的にはある個人の責任なのです。どの個人か。もちろんヒトラーです。

責任をヒトラーあるいはナチスへと全部集中させていったのです。しかしそのことによって、ほかの多くの人たちや組織は救われていった面があるわけです。

例えばドイツ連邦軍（Bundeswehr）は本当に救われています。日本であれば旧帝国陸軍は文字通り悪の象徴のように言われていて、先の大戦を開始した張本人として、あるいは敗戦の大きな要因としてずっと批判され続けています。そして陸上自衛隊と旧帝国陸軍には決定的な断絶があります。

しかしドイツへ行けば、駐屯地をカゼルネ（Kaserne）というのですが、カゼルネのなかに第2次世界大戦で戦った有名な将軍たちの肖像画が堂々と並んでいるのです。ロンメルとかグーデリアンとか、錚々《そうそう》たるメンバーの肖像画が。

ドイツ連邦軍は負けたけれども、将軍たちに対してはいまでも深い敬意が払われている。同時に、当時のドイツ軍の戦術や戦法も受け継がれています。

ところが陸上自衛隊は正反対で、完全に断絶しています。仮に自衛隊の駐屯地のなかに旧軍の将軍の肖像画でも置こうものなら、マスコミからめちゃくちゃに叩かれるでしょう。ドイツはまったく違う。これは大きな衝撃でした。

江崎　たしかに旧軍の将軍たちの写真を飾るということは日本の自衛隊の場合、考えられないことですね。

論理で動くドイツ人と感情で動く日本人

渡部　そしてドイツ人と日本人を見た場合に、感情で動く日本人と、論理で動くドイツ人という差をものすごく感じました。

例えばドイツ人は議論が大好きです。議論をガンガンやるのですが、そこではとにかく論理性が重視されます。そして激しい議論もするけれども、議論が終わったあとに人間関係は変わらないのです。
ところが日本人というのは、普段は議論を好まないのに、いったんはじまると感情的な議論になりがちですよね。そして議論が終わったあとの人間関係が非常に悪くなってしまうことがあるでしょう。
しかし、ドイツではそういうことは非常に少ないように感じました。ドイツ人は本当に論理性を重視する民族だとつくづく感じましたね。

江崎 『「空気」の研究』（文春文庫）をお書きになった山本七平《やまもとしちへい》さんが指摘されたように、日本では論理というよりも、場の空気でものごとが決まっていく傾向が強いことは確かですね。

渡部 そして、ドイツ人はとにかく根回しをしない。根回し自体がいいとか悪いとかはもちろん簡単には言えませんが、これは高い効率の実現と裏腹な面がある。
日本では例えば、「あの人には根回ししておかないと大変なことになりかねない」というのは皆さん経験があると思います。政治の世界ではそれこそたくさんあると思いますけどね。

江崎 永田町では仕事の8割は根回しでした（笑）。

渡部 しかしドイツ人は根回しを重視しない。私が任されたこの仕事は私の責任と権限でやるのだということで、速くていい仕事をするのです。
もちろん根回ししていませんから、「俺はそれ聞いてないぞ」という場面も出てきますが、それでも成り立つ社会なのです。いざ議論になっても論理的に言えば収まるというのもありますし、何より効率やスピードに差は出てきますよね。

そしてもうひとつ、法律でいろんなことを事細かく規定するのがドイツ人です。これは本当に驚くぐらい細かい。細かく規定があるから、法律に従うことに関して非常に素直なのですね。日本のような「まあまあ、あうんの呼吸で……」じゃないのです。何かで係争になったら法律で淡々と裁きますから。

例えば自分の子供が学校でほかの子供をいじめた。いじめという行為に対する処置はもちろん法律に従ってやる。さらに、それに関する保険などもある。金銭が発生するなら保険のような人情の関与しない仕組みがある。日本人が好みそうな情を中心とした関係ではなくて、きわめてドライな仕掛けで対処するわけです。

江崎　教育現場のいじめ問題まで法律で解決していくとなると、果たしてそれがいいのかという気もしますが……。

マンシュタイン元帥

渡部　ここでエーリヒ・フォン・マンシュタイン元帥の話をしたいと思います。この人は第2次世界大戦のドイツ軍のなかで最も優秀な頭脳を持った将軍といわれた人物です。

第2次世界大戦後、マンシュタインはイギリスで牢獄に入れられます。面白いのは、牢獄のなかのマンシュタイン元帥のところに、アメリカの将校やイギリスの将校たちが教えを請いに行ったのです。

マンシュタインはアメリカの将校にもイギリスの将校にも、ものすごく尊敬されていました。つまり尊敬を集めるほど手強い相手だった。そんな偉大な能力を持つ元帥が、なぜあのときにああいう作戦をやったのかということを敵方の将校たちが徹底的に聞きに行くわけですね。

江崎　そういった光景は、日本では考えづらいですね。

渡部　そうなんです。戦争が終わった後に敵からでさえ尊敬を集める元帥たちがいる。戦後にしてもただドイツ軍が悪かったじゃなくて、ヒトラーが間違った戦争を開始し、戦争を間違った方向へ主導し、そうしてドイツは負けたのだということで話は終わるわけです。

もちろんドイツも一部（秘密警察ゲシュタポなど）は切り捨てましたが、似た立場にあった日本は言ってみればすべてを切り捨てたわけです。その違いはものすごく大きいと思いますね。

江崎　正確に言えば、「切り捨てさせられた」と言うべきかと思います。もちろん、「軍国主義の根絶」という占領軍の意向を受け入れた日本側の責任もあります。軍人すべてが軍国主義者であるかのように決めつけていた戦勝国、とくにアメリカに対して、日本の軍人の多くが自由と民主主義を基調とする立憲君主制の支持者であったことを、もっと強く主張すべきだったと思います。

何度も改正されているドイツ憲法

渡部　そしてもうひとつ、日独の違いに関して非常に象徴的な論題があります。ドイツの実質的な憲法とされるドイツ基本法（Grundgesetz）がありますが、これが戦後すでに約60回も改正されているのです。

是非は別にしても日本の憲法がいまだに改正ゼロに対して、圧倒的な差があります。これがドイツ人の合理性なのです。状況や時代の変化に応じて、それに適応できていない基本法なら当然変えていく。それが当たり前だという考え方です。

これは私にはすごく理解しやすいのですが、日本ではご存知の通り「憲法改正」とひとこと言った途端にとんでもなく大きな話になってしまう。ドイツと日本の違いを考えるうえで肝要な点だろうと思えます。

江崎　憲法改正に言及しても大臣のクビが飛ばなくなったのは、1991年の湾岸戦争以降ですからね。あのときから日本でも、堂々と憲法改正を主張できるようになりました。

渡部　また興味深かったことがあります。私がドイツにいた当時、ボスニア・ヘルツェゴビナで紛争が起こりました。そのときドイツ軍もNATOの域外に展開しなきゃいけないということになりましたが、反対運動が起こって問題になったんです。とくに第2次世界大戦でボスニア・ヘルツェゴビナにはドイツ軍が入ってかなり悪いことをしましたから、そこにまた軍が入ったら大変な問題になるということで、ドイツ軍のNATO域外展開に政治的に強硬に反対する人たちがいたのです。

これをどこが解決したかというと、ドイツの最高裁判所です。ドイツもこれからNATOの一員として国際社会に貢献しなければいけないと、ドイツの裁判所が判断して、ドイツ軍のNATO域外への作戦を法的に認めました。

このようなことは日本の裁判所にはできないです。こういうことをドイツの裁判所はやる。やはりこれは驚くべきことですね。

江崎 日本の場合、自衛隊の海外派遣といった問題については政府と国会が決めることであって、裁判所は判断を避ける傾向にありますからね。

ただ、自衛隊の海外派遣を憲法に基づいて裁判所が判断することが正しいことなのかというと、疑問です。裁判官に国際法や軍事の専門家がいるとは限らないので。やはり国会で論理的に、できれば国際法に基づいて結論を出すほうがいいのではと思います。

徴兵制がある意味

渡部 もうひとつ触れておきたいのが徴兵制です。ドイツは第2次世界大戦後、最近まで徴兵制をずっと続けていました。徴兵制がドイツにとってどれほど重要であったか。

徴兵制を採用した大きな理由のひとつには、もちろんソ連の存在があると思います。ソ連が大戦の戦勝国として存在し、アメリカに対抗すべくワルシャワ条約機構軍をつくった。ドイツもそれに対抗しなければいけない。そのために徴兵制を敷かざるを得ないという状況はたしかにあったと思います。

しかし徴兵制をずっと続けたというのは、やはり別の意味もあります。国民が自分自身で体験することによって、軍事や安全保障を深く理解するということです。これが日本とドイツの根本的な違いですね。

だからドイツ人はいたるところで当たり前に軍事の議論をしますし、安全保障の議論もします。これは軍人だけではなく、政治家はもちろん、普通のドイツ国民もです。

そういった場面を見るにつけ、徴兵制があることの社会的影響はものすごく大きいと実感しました。同時に、それがなかった日本というのはやはり不幸だったと思います。

江崎　日本の場合、徴兵制は憲法が禁じた「苦役」にあたるという解釈になっていますからね。その意味で徴兵制の導入は困難だったと思いますが、政府自民党は学校教育でもっと国防についての教育を充実させるよう努力すべきだったと思います。これは、これからの大きな課題です。

連邦指揮大学での授業

江崎　渡部さんはドイツのどこに留学されたのですか？　軍ですか、それとも大学ですか？

渡部　ドイツ連邦軍です。連邦軍に連邦指揮大学（ブンデス・フュールングス・アカデミー）というところがありまして、日本でいえば東京・目黒に所在する幹部学校の指揮幕僚課程[※8]です。

連邦指揮大学には当時、NATOコースと非NATOコースがありました。私が通ったのは当然、非NATOコースのほうです。

面白かったのが、ワルシャワ条約機構軍に参加していた東欧諸国の連中が、非NATOのコースに来ているのですよ。例えば、ポーランド、チェコ・スロバキア、ハンガリーの将校たちもいました。こういった連中と一緒に学びまして、本当に見識が広がりました。とくにチェコ・スロバキアの将校はソ連軍のエリート校フルンゼン大学を卒業し、ワルシャワ条約機構軍のドイツ侵攻作戦計画を作成した人物でした。彼と親しくなり、プラハの彼の家に家族で宿泊したのは良き思い出です。第3次世界大戦が起こって彼と戦うことにならなくてよかったとつくづく思ったプラハでの滞在でした。

江崎　どういうカリキュラムだったのですか。

渡部　ドイツ連邦軍の部隊見学やドイツの歴史文化の研修もありますが、主体は戦術や作戦の教育などです。例えばこの状況において攻撃の場合、あなたはいかに判断するか。決心と、決心に伴う処置すべき事項は何か、といった教育を受けました。

印象的だったのは、特定の状況が与えられて、それに応じて判断を求められる授業です。例えば実弾で射撃訓練をやっているときに、不幸にも死者が出たとします。そのときあなたはどうしますかと。そういう質問を投げかけてくるのです。

※8　自衛隊の上級指揮官や幕僚の育成を目的とした教育課程。陸上自衛隊では陸上自衛隊教育訓練研究本部内に設置されている

自衛隊であれば、実弾射撃中に死者が出たら、即座に射撃中止です。実際、多くの国の軍人が「即座に射撃中止」と答えました。ところがドイツ将校にとって答えは明らかで、継続なのです。なぜ死者が出ても射撃を継続するのかというと、そんなの実戦においては当たり前だろうと。

江崎 ドイツ軍は実践を想定して訓練をしているが、自衛隊はそうではない。これは決定的ですね。

渡部 戦争において、実戦において死者が出るのは当たり前なのだから、実戦の通りに射撃訓練を続けろと。訓練だとしてもそれと同じようにすべきだというのが、ドイツ人の考え方です。自衛隊流の固定観念に陥っていた私の頭のなかではものすごく衝撃的だったし、言われてみれば当たり前のことだけれども、感心しましたね。

ドイツ軍の計画立案法

渡部 それと関連して、ドイツ軍は昔からきわめて実際的な計画をつくります。組織にしても、平時から実戦にいちばん適した組織をつくる。

例えば、自衛隊であれば指揮所はひとつしかありません。1週間戦争が続こうが、1か月続こうが、1年続こうが、指揮所はひとつしかない。

ところがドイツは訓練時からふたつあるのです。人間は疲労したらろくなことにならないということで、A指揮所が動いているときにB指揮所は休んでいる。そして疲れたら交代させる。常にこれをやります。

江崎　米軍は確か3交代ですよね。

渡部　自衛隊でも指揮所のなかで人員をやりくりして交代制は取りますよ。しかしドイツ軍のすごいところは平時からぜいたくにも司令部がふたつある。

江崎　ぜいたくというか、実戦に即したものを考えていけばそうなりますよね。

渡部　きわめて合理的なのです。人員が冗長だと言われたらそうですが、実際に戦争が起こったときにこの人数が絶対に必要だというのが彼らの信念です。

ドイツの戦車「レオパルト」の人員は四人です。一方で自衛隊の「90式戦車」等は三人。自動装填でひとり減らしています。しかしドイツ軍は絶対にそんなことはしない。戦車は四人で動かさなければいけないと考えています。三人では少なすぎる。戦争でひとり負傷したらどうするんだという発想です。

日本では自動装填を使って三人で戦車を動かせるよう省人化しましたと言って胸を張っていますが、しかしひとり負傷したら、ふたりで全部やらなきゃいけなくなる。

戦車は運用が非常に難しくて、防御のときには陣地を自分でつくらなきゃいけないのです。そのとき人がいないと陣地はつくれない。夜の警戒でもそうですけれども、ひとり負傷したとして、三人で警戒するのとふたりで警戒するのではまったく違う。

そういうものをすべて合理的に判断して、戦車は四人で動かすことをドイツ連邦軍は選択したのです。必要な人員はたしかに多くなる。しかし実戦では絶対にこれが正しいという信念を持っているわけですね。

江崎　あくまでも有事を前提に軍の編成を考えているのがドイツ軍ということですね。もっとも自衛隊のように、「有事を想定しない軍」という考え方はおかしい。有事に対応するのが軍隊なのですから。その意味で、戦車を三人体制にしたことに関してシビリアン・コントロールの立場から政治家は疑問を呈するべきなのですが、そうはなっていない。要するに、政治家も自衛隊も、有事を想定しない自衛隊でいいと思っているということでしょうか。

なぜ日独はここまで違ってしまったか

江崎　冷戦下のソ連の脅威という意味では、日本もドイツと同じような危機感を持っていてもおかしくなかったのではないかと思えます。もちろんソ連と陸続きのドイツと、海がある日本では違いもあると思うのですが。それでも同じ敗戦国でありながら日本とドイツがここまで違ってしまったのは、どういうところに原因があると思われますか。

渡部　まず先ほど挙げた点になりますが、戦前との連続性の違いが大きいと考えています。ドイツでは、第2次世界大戦で戦った軍隊といまの連邦軍の間にかなり強い連続性があります。その連続性を具体的に言うと、実戦での組織編成、戦術・戦法、作戦、すべてにおいて受け継がれてきているわけです。

江崎　ヒトラーのナチス・ドイツの戦略が間違っていたのであって、ドイツ国防軍としての戦術レベルの問題については間違いではなかったと。

渡部　そういう自負を持っています。

江崎　要するに政治側の戦略ミスが敗戦をもたらしたのだと。日本の場合は軍事的なことについても、戦略的なミスと、戦術的な問題を区別しないじゃないですか。ドイツの場合では政治マターの戦略と、国防軍としての戦術レベルは明確に分けているということですね。

この「戦略」と「戦術」ということをおおざっぱに説明しておきましょう。第2次世界大戦に関して言えば、ドイツはソ連と組んでポーランドを占領した。その後、フランス、イギリスを敵として戦い、イギリスを屈服させることができない段階で、今度はソ連とも戦ってしまった。そうやって戦線を次々に拡大したことがドイツの敗因となってしまったわけで、どことい つ戦うのかを考えるのは、政治家が決定する「戦略」です。一方、ポーランドのあと、フランスとの戦いにいかに勝利するのかということを考え、実行するのは軍人で、その戦闘方策は「戦術」ということになるでしょう。

そして、ヒトラーら政治家が考える「戦略」には間違いが多かったが、ドイツ軍の幹部による戦闘は実に見事であったという評価になっているということですよね。

渡部　その通りです。そして先ほど紹介しましたマンシュタインは、政治からの命令に軍人は従わなければいけないという伝統的な信念を持っていました。そして実際にヒトラーの判断に従って大失敗した例がいくつもあります。

例えばマンシュタインとしてはある場面で、戦略的な守勢、機動防御という方法を取りたかった。これは防御するときに陣地で固定的に防御するのではなく、戦車を使って機動的に動きながら、あるときは守るけれどもあるときは攻撃するという柔軟な戦い方です。マンシュタインはそれをやりたかったのですが、ヒトラーが「固定的にやれ」と命令した。そして彼は命令通り1か所にはりついて、負けてしまうのです。

そういう歴史的な事実があって、戦後に軍内でも判定が行われるわけです。そして「ああ、マンシュタインの言っていることはやはり正しかった。ヒトラーの言うことは間違っていた」と結論づけられる。

ところが日本の場合、旧軍の考えはすべてが否定されました。

江崎　ある意味、旧軍にすべての責任を擦《なす》りつけて、「戦略と戦術」「軍と政治」というどこの国でも悩んでいる課題から逃げてしまったわけですね。

実際に、「旧軍がすべて悪かったのだ」と主張する政治家ほど、軍を動かす政治家の責務、有事のことや軍のことについて真面目に考えようとしません。世界標準から見れば、有事に関して考えることをやめているのは、単なる責任放棄でしかないのですが。

戦後の自衛隊に欠けていたもの

渡部　戦後、自衛隊としては米軍から多くのことを学びました。しかし実戦を他国の軍から学ぶのには限界があります。先の大戦を実際に戦った先輩たちの戦い方というのを骨の髄まで真剣に学べない、学ばない状態になったのですよ。これが非常に大きい。

私としても内心忸怩《じくじ》たるものがあります。例えば作戦計画についてですが、日本人は膨大な細かい計画を作成します。全般作戦計画という、例えば1か月ぐらいの計画を事細かに作成します。ところがドイツ軍はそれをしない。なぜならば「計画は必要最小限のものをつくるのであって、状況の変化に応じてそれを修正しながら戦うべきだ」というのがドイツ軍の考え方だからです。

江崎　予想外のこともあるでしょうし、先にあまり細かくつくってしまうと柔軟性がなくなりますよね。

渡部　ところが自衛隊はものすごく周到な計画をつくるのです。Aという場合、Bという場合、Cという場合、Dという場合と。

江崎　リソース、つまり時間と労力の無駄ですよね。

渡部　無駄だと思うことが多々ありました。

江崎　軍隊は何よりも状況対応力が求められるはずですからね。細かい作戦計画をつくるよりも、想定外の事態に対応できる能力を高めるべきでしょう。

渡部　さらに言えば、先の大戦後に実戦経験がないという点がものすごく大きい。米軍は常に戦っています。ですから米軍はどんどん戦い方を変えるし、編成装備を変えます。とくに編成は大きく変えます。

しかし自衛隊は戦ったことがないから、米軍から学ぶことしかできない。それも実戦をやっていないから、学ぶといっても100％は無理です。

江崎　ドイツの場合にはNATOの一員だという枠組みがありますね。日本の場合はそれがないから、他国の軍と共同作戦をすることが難しいということもあるのでしょうか。

渡部　それはあります。やはりドイツ連邦軍を見たときに、まず米軍がいるし、フランス軍はいるし、イギリス軍もいる。つまりは学ぶ相手がたくさんいる。最近であればNATOはどんどん東へ行って、旧ワルシャワ条約機構軍で互いに対峙した連中からも話を聞いて、ロシアのメンタリティや戦い方を学ぶ機会は多い。その違いは大きいと思います。

江崎　そういう意味でいうと、PKO（ピース・キーピング・オペレーション、国連平和維持活動）以降、軍事オペレーションではないにしても他国の軍隊と一緒に動くようになったことは、少なくとも日本の自衛隊にとって若干はプラスだと。

渡部　もちろん若干は学びましたけれども、やはり実戦ではありません。弾が飛び交うようなところで殺す・殺されるという世界じゃないですからね。ドイツ軍は例えばアフガニスタンなどで100名以上の人が亡くなっています。これはものすごく大きな事実です。

自衛隊に経験が蓄積しない理由

江崎　ドイツやアメリカの有事即応体制を学んできた人は、自衛隊のなかにもいらっしゃると思います。しかしその経験が、自衛隊の編成なり運用に活かされていないように見えるのはなぜでしょうか。

渡部　それは結局、日本にアンドリュー・マーシャル（P217参照）のように長年にわたり作戦や戦略を担当してきた人がいないということに収斂《しゅうれん》されます。例えば戦略なら戦略だけを長く考えている人がいない。作戦なら作戦だけを長く考えている人がいない。

現実問題として、自衛隊は人事異動が激しいのです。仮にドイツで3年間勤務して、ポテンシャルが高くなって帰ってきた人物がいるとします。その人が引き続き情報関係や作戦関係の部署で勤務して、さらに知識を蓄積できればいいのですが、まったく別の部署に補職されるケースが結構あります。例えば、新隊員の募集や退職者の就職援護を担当する地方協力本部に配置されたりするのです。そうするとせっかく3年間、情報関係や作戦関係で蓄積されたものが、自衛隊という組織のなかで蓄積されません。

江崎　なぜそんな人事が行われるのでしょうか。自衛隊自体にエキスパート（専門家）をつくるという発想が薄いということですか。

渡部　エキスパートを育てなければいけないという認識はありますが、人が少なすぎるというのがいちばん大きな原因ではないでしょうか。ポストのほうが多くて、最近では幹部の応召がものすごく増えていますから。他省庁にも派遣されますし、国家安全保障局[※9]や東京都にも派遣されます。ありとあらゆるところに派遣されて、結局、自衛隊内で人が足りない。

例えば「この人には安全保障をじっくり研究させよう」といった展望を持つことが非常に難しいシステムになっているのが現実です。

江崎 結局、防衛予算が不足していて、国防を担当する専門家を育てる体制にないということですね。

渡部 そこで私が言っているのが、OBを使いなさいということです。最近はその方向に動いてきていますが、まだまだ不十分です。もうひとつ重要だと思うのが、京都大学名誉教授の中西輝《なかにしてる》政《まさ》さんがよく言われるシンクタンクの整備です。民間シンクタンクに勤務したい自衛官やOBはたくさんいますが、適切なシンクタンクがないというのが現実です。

江崎 ドイツの場合ですが、税金で政党がシンクタンクをつくる仕組みを導入しています。官僚機構とは別に、さまざまな政治的選択肢を提示できる政策集団をつくることによって、デモクラシーを機能させようとしているわけです。

渡部 本当にその通りです。自衛官のOBもそうですし、あるいは外務省のOBもいるでしょう。いろいろな知見を持った人を使うということが大切です。あるいは大学で安全保障を勉強してきた人をシンクタンクへ入れて鍛えるというコースもあります。

江崎 アメリカはそれができている。私が付き合ったことがある米軍の情報将校は70歳過ぎでしたが、民間シンクタンクに勤務しながら、同時に米軍基地にも事務所を持っていました。「優秀な軍人は定年とは無関係に使う」という発想が米軍にはあります。

もっとも、ここで重要なのは一律に定年を無視して雇用するのではなく、あくまで〝優秀な〟軍人だけを使っているということです。その意味で、適切な人事評価ができているという点も重要です。

渡部　アメリカにあるのは軍産複合体なんて生易しいものではありません。軍、産、アカデミア、そしてシンクタンク等々のもっと総合的な複合体なのです。

そして大統領が代われば、シンクタンクの研究者が国防総省や国務省へ行く。別の大統領になれば、シンクタンクに帰ったり、あるいは大学に行ったりする。そういったポストがあるから、人材が循環できる。

つまるところ、優秀な人たちが経験・知識を活かしながら生活できる環境があるかどうかということです。その結果、研究を長期的に深めていくことができ、その循環があるからレベルが高くなるのだと思います。

江崎　２０１７年秋に、アメリカで米軍関係の民間シンクタンクの人と会いましたが、１９９０年代から北朝鮮の核・ミサイル問題について取り組んでいる専門家で、トランプ政権の北朝鮮政

※９　内閣官房の一組織として設置されている機関。国家安全保障会議を恒常的にサポートし、国家安全保障に関する外交・防衛政策の基本方針、重要政策の企画立案、総合調整を行う

策にも関与していました。じつに30年以上も北朝鮮問題と取り組んでいる情報将校がアメリカにいは存在していることにびっくりしました。

国と個人は分けて考えろ

渡部　付け加えておきますと、ドイツやアメリカに留学して感じたのが、国と個人との関係です。例えばハーバード大学のアジアセンターに、中国人留学生担当のジュリアという南京出身の女性がいました。もちろん中国人ですが、ハーバード大学を出て、アジアセンターの職員となって留学生のお世話係をやっている人です。

この女性が人間的にじつに素晴らしい。日本の女性も素晴らしい面がたくさんありますけれども、ジュリアは人に対してものすごく優しい。彼女には総合的なコミュニケーション能力がありました。そしてジュリアと2年間話をしてつくづく思ったのは、中国という国家に対する評価と、中国人という1個人に対する評価というのはやはり別にしなきゃいけないということです。

まあ当然のことではあるのですが、国と個人を一緒くたにして「あれは中国人だからダメだ」なんてことはやってはいけない。個々人に対する評価は別にやりながら、しかし中国といういまの共産党一党独裁国家がどういう問題点を抱えているか、あるいはその日本への影響を冷静に評価すべきなのです。

中国人といえば、ハーバード大学で同じ部屋になったのが中国人のマクロ経済学者でしたが、この人が1年間一緒にいてくれて、ものすごく勉強になりました。私は中国に厳しいことを言っていますが、中国という国に対する評価と中国人個人に対する評価は別個にしています。

重要なのは個人を見ることです。中国人だから嫌いだというのではなくて、個々人はそれぞれ正当に評価しなければいけない。このあたりは頭ではわかっているけれども、向こうで一緒に生活してはじめて実感できる部分も大きいです。

江崎　その点はきわめて重要ですね。私も何人かの中国人エリートと付き合ってきましたが、実際に話をしてみないと、わからないことが多いです。とくに中国共産党の情報については、日本人の感覚で読み解いていると、とんでもない勘違いをすることになりかねない。

いまこそ韓国人と付き合え

渡部　韓国にしても同じです。私もドイツ留学ではふたつの韓国人ファミリーと家族ぐるみの付き合いをしました。陸軍と空軍の軍人です。韓国人はアフリカの人たちとは違うし、中東の人たちとも違うし、東南アジアの人たちともやはり違う。海外に行くと打ち解けてなんでも話せるし、なんとなく親近感がある。

いま、徴用工とかレーダー照射の問題とか、韓国との対立がさまざまな形で浮かびあがってきています。私も国としての韓国には言いたいことがたくさんありますが、韓国人個々人に対して「韓国人はダメだ」となるのは危険だと思います。

韓国にも在郷軍人会とか、星友会という保守の団体があります。星友会は陸海空、海兵隊の将軍ばかりのOB団体です。彼らがいま本当に危機感を持って、文在寅《ムンジェイン》政権に対して立ち上がろうとしています。

その危機感とは、文在寅政権は極端な親北朝鮮・反米の左翼政権で、韓国軍をダメにし、韓国そのものをダメにしている。このまま文在寅政権が続くと北朝鮮の赤化統一の野望を手助けすることになる、というものです。彼らは現役の軍人に向けた決起の檄文《げきぶん》も書きましたが、それに対して現役の国防部長以下、軍は反応していません。

江崎　その具体的な内容は、2019年2月4日、国家基本問題研究所の公式サイトに西岡力《にしおかつとむ》麗澤大学客員教授が「予備役将軍団が反文在寅で国軍に呼びかけ」と題して紹介してくれています。以下、引用します。

〈1月30日、3人の元国防部長官を含む韓国の予備役将軍450名がソウル市内に集まり「大韓民国守護予備役将軍団」を結成した。将軍団は、金東信、権寧海、金泰栄の3元国防長官のほか、金在昌・元韓米連合司令部副司令官、李弼燮・元合同参謀本部議長、李秀勇・元海軍参謀総長、李億秀・元空軍参謀総長、李相武・元海兵隊司令官、朴煥仁・元海兵隊副司令官の9人を共同代表として選出し、文在寅政権の国防政策に反対し、現役軍人らに政権への不服従を促す「大韓民国国軍に告ぐ」という声明を発表した。〉

文政権の反日反米親北政策に対して、元とはいえ軍の将軍たちが実名で「現役軍人らに政権への不服従を促す」というのだから驚きです。その理由は何なのか。声明では冒頭、2018年9月19日に文政権が北朝鮮と結んだ「南北軍事合意書」が韓国憲法に定められた「国防の任務」違反であり、これを廃棄せよと迫っています。さらに引用します。

〈国軍指導部は、憲法を無視して安保を崩す南北軍事合意書の廃棄を2月中に決議せよ！

第1に、愛する軍後輩である陸、海、空、海兵隊の全将兵は偽装平和と共産化の可能性が高い南北共助を受け入れ、大韓民国の国民、領土、主権を放棄するのか、あるいは憲法第5条に明示された神聖な国防の任務を果たすのかを明らかに選択せよ。そしてその選択を決行せよ。（中略）従北政治家たちは国防安保を政治的利害に従属させて、平和という偽りの扇動で国を危くしている。彼らの亡国的行為を命懸けで拒否せよ。〉

では、「南北軍事合意書」のもとで韓国の防衛はどうなっているのか。声明文はこう続いています。

〈「9・19南北軍事分野合意書」は過去70年余り血の汗を流して築き上げた大韓民国の生命線

を崩す行為だ。数多くの戦時防御施設の破壊、国軍戦闘部隊の急速な解体、軍情報機関の不能化および対共防諜機能の抹殺、将兵精神力の無力化、軍規律の弛緩と烏合の衆化、戦時作戦統制権の早期返還などがまさにそれだ。〉

文政権はいま、韓国軍と情報機関の解体を進めているというのです。この解体を座視すれば、韓国の国防体制は早晩、崩壊すると指摘しているわけです。

ではなぜ文政権はこうした韓国軍解体政策を推進するのか。それは、文政権が韓国共産化を目論んでいるからだとして、こう呼びかけています。

〈第3に、現役軍人はこれ以上、3代独裁世襲を擁護する主体思想に染まらず、韓半島全体を金日成主義国家へと導く大韓民国共産化の陰謀を直ちに中断させ、我が祖国大韓民国を死守せよ。〉

朝鮮戦争は、北朝鮮という共産主義勢力との戦争でした。共産主義勢力に支配されたら国民は自由を失い、弾圧に苦しむことになる。だからこそ韓国の憲法にも自由民主主義の基本秩序の擁護を謳《うた》っているではないかと訴えているのです。

渡部　彼らの危機感は、彼らと実際に付き合ってみるとすごくよくわかります。それを日本側ももっと知らなければならない。彼らとの関係で何かできないかを追求すべきではないかと思います。

2017年の11月に、私たち自衛隊の将官のOBグループが韓国へ行きました。38度線を見ながら、星友会の人たちと1週間付き合ってきました。するといろいろなことがわかるのです。いま彼らの立場が、文在寅政権下でどんなにないがしろにされているか。そして彼らに強烈な締めつけがあるということもわかりました。

しかし、いいことばかりではなく、悪いこともたくさんわかります。彼らには、日本に対してものすごく甘えがあるのも事実です。日本に対しては何を言ってもいいという感覚を持っていることもよくわかります。そしてもう至るところに竹島の写真をこれ見よがしに貼りつけて、我々に見せようとする。

嫌なところもたくさんありますが、実際に会って議論しなければわからないところは双方にあると思います。

保守同士の本音の対話ルートを残せ

渡部　ちなみに国と国の議論では、お互いの国の保守派同士がいちばん噛《か》み合った議論ができると言われたりしますよね。これは私も正しいと思います。保守派と保守派がガチンコでぶつかってはじめて実りの多い対話ができると思います。
江崎　相手の政府は左派に寄っていても、民間では保守派同士の議論はできると。

渡部　その通りです。星友会の檄文なんか見たら、現職の国防大臣はダメだ、辞めろと書いてある。本当に強烈なことを言っています。現役の軍人は立ち上がれ。韓国は北に赤化統一される危機にある。お前たちはビジネスマンか。違うだろう。命をかけて韓国を守る軍人だろうということを檄文で書く。まあＯＢだからできることでもあるのですが。そんな彼らが日本にも来ていますので、さまざまなチャンネルで話をしています。

韓国はいま本当にめちゃくちゃだけれど、完全に敵に回してしまったら中国の思う壺です。あるいはロシアや金正恩《キムジョンウン》の思う壺であると思います。

江崎　本当にそう思います。やはり人間関係のなかで誠実に話をしていくということは、国と国との関係でも、情報を取るうえでも絶対に必要です。

先に「無知の知」ということをおっしゃいましたけれども、いろんな考え方があって、他人は必ずしも自分と同じようには考えていない。国が違えばなおさらです。そこを理解しないととんでもない誤解をする。そこを解くためにも、対話はできるだけ密にしていく必要があります。

「日韓断交」とか「韓国に対する制裁を」と勇ましく言う人もいますが、戦前も同じように「暴支膺懲《ぼうしようちょう》」とか「蔣介石《しょうかいせき》を相手にせず」とかやって、その結果どうなったか。「韓国をやっつけろ」とか「文在寅政権を相手にせず」とか、そういうことを言っている場合ではないことぐらいはわかると思います。日本は本当に歴史に学んだほうがいいと思うのです。

渡部　多くの人が歴史の自分の好きな面しか学んでいないですよね。

江崎　そういう意味では、「韓国は歴史を学ぶことをないがしろにしている」とか言うけれど、いや同じように日本の保守派の一部にも、歴史を学ぶ気がない人がいると思いますよ。

渡部さんがおっしゃるように相手を一枚岩と見なさずに、それぞれの立場の人たちがどういうことを考えているのかを見ていく。じゃあ文在寅政権に対して反発している旧将軍の人たちが親日派かといったら、そんなこともないですよね。

渡部　ないですね。そこはきっちり認識を分けないといけないところです。

台湾だっていろいろな人がいる

江崎　台湾の場合だって、例えば李登輝《りとうき》元総統は親日派だと言われています。李登輝政権の時代ですが、僕は李登輝総統の側近たちと交流がありました。

その側近たちとある会談で和やかに会話していて、「尖閣諸島はやはり日本のものだ」とかいうことを言ってくれるわけです。しかし僕の友人に台湾語のできる人がいたのですが、その人が言葉が理解できる顔をせずにずっとその場にいた。そしたら帰りにエレベーターのなかで、「ああやって言っておけば日本人はすぐ騙《だま》されてくれるから楽だよね」としゃべっていたらしい（笑）。

通訳ありの僕らの前ではさっきまで「戦前の教育勅語は素晴らしい。戦前の日本の教育のおかげでいまの台湾がある」とか一生懸命言っていた人が、です。

その人が信用できないとか言っているのではなくて、やはりみんな生き残るために必死だということです。立場としてそういうふうに僕らに言わなきゃいけないぐらい台湾が大変な状況にあることも事実なのです。そこをきちんと理解しながら付き合っていかないと、言葉尻をとらえて過剰反応しても仕方がない。

僕もフェイスブックで韓国の元将軍たちが文政権に反旗を翻したということを紹介したのですが、まあいろんな人たちから反応がありました。多いのが「それでも韓国は信用できない」とか、「彼らは親日派ではないから信用できない」といった反応でした。大切なのは信用できる・信用できないという話ではなく、まずそういう動きを正確に理解し、その動きを我々は国益の観点からどう利用するのかを考えることだと思うんですけどね。

渡部　まさにその通りです。

江崎　どう利用していくのかとともに、韓国で動乱が起こったときに例えば在韓邦人はどうやって保護するのか。あるいは韓国で反体制派の粛清などが起こった場合、亡命する人たちも出てくるでしょう。そうなったとき、日本は亡命の中継点として協力するのかどうか。考えないといけないことが山ほどあるのです。

盧泰愚《ノテウ》政権のときですが、国家情報院※10に所属する知人が米韓同盟支持派だということで迫害されそうになって、アメリカに逃げたことがありました。その途中、日本に寄ったのですが、ホテルを手配したり、食事をおごったりと支援しました。

別にその人は親日派でもなんでもないです。だけどそうやって付き合っていると、盧泰愚政権がどういう政権で、内部ではどういう議論をしているのかということをやはり教えてくれる。そういうこともあって、国家情報院とか韓国外務省の人たちともつながりができました。「よくも悪くも江崎はわかってくれている男だ」ということで、連絡がくるようになる。もちろん、そうした情報を鵜呑《うの》みにはしませんが、参考にはなる。

もう時効だから話しますが、2008年に発足した韓国の李明博《イミョンバク》政権は、久しぶりに登場した保守系（正確に言えば「反北朝鮮の中道左派」）でした。しかも李政権はこれまでの対北宥和政策を転換させ、日米と連携してアジアの安定を図ろうと考えていたのです。

とくに対日関係については、拉致問題を前面に出して日韓連携を図るべく、専門家を在日韓国大使館に送り込んでいた。そして金賢姫《キムヒョンヒ》元工作員の訪日を実現させた一方で、韓国の左派（北朝鮮シンパ）が主張する「日韓併合100年」の問題には極力触れないように努めていました。実際、李政権は、日韓併合100年を記念した政府行事を韓国内で計画していなかった。「韓国にとっての敵は、北朝鮮であって日本ではない」というのが李政権の基本戦略でした。

ところが日韓両国のリベラル派（北朝鮮シンパ）が結託して日韓併合100年を政治問題化し、「韓国にとっての最大の敵は日本だ」というキャンペーンを張りました。そしてあろうことか、

※10　韓国大統領が直轄する情報機関で、韓国中央情報部（ＫＣＩＡ）や国家安全企画部（ＡＮＳＰ）を前身とする。正式名称は大韓民国国家情報院

日本の菅民主党政権はそのキャンペーンに同調して、謝罪談話を公表してしまった。そのため韓国では、「韓国にとって最大の敵は日本」であるかのような報道が連日なされ、日本非難の報道が続くことになりました。

こうなると李政権としてみれば、「日韓連携」路線の推進を控えざるを得ないわけで、日本の民主党政権は見事に「未来志向の日韓関係構築」のチャンスを潰したわけです。このとき日本の保守派の一部もそうした李政権の思惑を知らずに、「韓国けしからん」と叫んでいた。

やはり個人的な付き合いをしていくなかで相手の内情を理解していかないと、こうした失敗を繰り返すことになりかねない。これは相手の言い分を正しいと思うかどうかとは別問題です。でも、相手の内情を多角的かつ正確に知ろうとしなければ、まともな外交や議論はできない。相手を小馬鹿にしたり、非難するだけではダメなのです。

渡部　李明博政権と菅政権との逸話は非常に面白いですね。李明博政権も登場直後には、「日米と連携する」とか「日韓関係について過去にこだわるのではなく未来志向で考える」と発言していましたから、今回はこれまでの政権とは違うのかなと期待しました。しかし結局は李明博政権も反日路線へと舵を切り、竹島上陸を敢行して日本人を激怒させてしまった。

しかし、江崎さんが言われますように、日本の国益を中心として、しっかりと隣国に対応することは重要です。その意味で私も自衛隊のＯＢとして、韓国の退役将軍の団体である星友会と付き合っています。

星友会の人たちと付き合うと、さまざまなことが見えてきます。星友会の会長は、外交的に問題のないように丸めよう、丸めようとする。日本の将官と話をしても対立しないように努力します。

しかしあとの人たちは全然違う。それぞれ本音をバンバン言うし、「あの会長はダメだ」とまで言ってしまう。しかし本音を言うなかにおいてわかることもたくさんある。

韓国海軍の将軍たちは、あらゆる機会を利用して海上自衛隊の極秘情報を取ってやろうと本当に思っています。それゆえ、いろんな質問をバンバン投げかけてきます。そして、その質問から、韓国海軍がいまどのような弱点を持っていて、どう改善しようとしているのかというのが逆によくわかる。

例えば潜水艦のことはすごく聞いてきます。でも韓国海軍は実際には戦ったことがない。戦争をまったくやっていないという問題を持っています。

支離滅裂に見えるほどの韓国の複雑さ

渡部　韓国を見ていて難しいのが、かの国は地政学的にどっちつかずであるということです。半島という独特の地政学的位置があって、ランドパワー（大陸国家）ともシーパワー（海洋国家）ともいえない。自分たちでシーパワーだと自認すればそう思えるというのはありましょうが、ただ韓国軍の編成を見たら明らかにアーミー（陸軍）が中心。

江崎　地政学と関連して韓国の友人たちに僕がいつも言うのは、「あなたがたが日本を嫌いだと言っても別に構わないし、日本の歴史の批判をしても構わない。それもそちらからすれば愛国心の一環だろう」と。「ただ、理解しなきゃいけないことがある。それは歴史を振り返ると、シーパワーである日本とアメリカを敵に回したら、あなたの国はランドパワー（つまり中国）に押しつぶされるということだよ」と。つまり「日本を嫌いになってもいいけれど、日本を弱くしたら困るのはあなたたちだよ」と伝えます。

「あなた方は国際政治のバランス・オブ・パワー、地政学的な議論というのをどうもきちんと理解していないように見えるんだけど」と言うと、彼らは黙ります。

「日本が嫌いでも構わない。好きになれなんて言う気はないし、そんなことを強要する資格もない。敵対関係になるのも仕方ない。だけどわかっているの？　日本が軍事的に弱くなったら、あなた方は中国にやられるのだよ。そこを理解したほうがいいよね」と。

渡部　その通りで、「現在」を理解するためには歴史を知らなければならないし、地政学も学ばなければいけない。地政学（geopolitics）から地経学[※11]（geo-economics）、さらにはテクノ地政学[※12]（techno-geopolitics）など、いろいろな言葉も出てきています。そういうさまざまな観点で自国や他国を見つめ直さないといけません。

その視点から韓国の防衛力整備を捉えると、北朝鮮に向いている部分と日本に向いているバランスがもうめちゃくちゃです。海空戦力は明らかに日本に向かった防衛力整備になっています。

私にはほとんど支離滅裂と思えるレベルです。

以前、韓国の哨戒艇が北朝鮮に撃沈させられた天安《チョナン》沈没事件がありました。当然ながら保守的な元軍人たちは北朝鮮に対する恨みがあり、遺族たちも同様です。しかし左翼政権になると、そのことには触れないようにする。それよりも大義として南北の統一のほうが大きいと見てしまうわけです。

延坪島《ヨンピョンド》の砲撃事件もありました。しかしそんな事案があったとしても、左派は北朝鮮と一緒になりたい。それに対して保守の人たちは「このふたつの事案は北朝鮮の挑発であり、決して忘れてはならない」と主張します。いろいろなグループがいて、韓国をどう見るかというのは本当に難しい。

江崎　どの国にもいろいろな政治勢力がいます。そういう当然のことを理解しながら、外国の人々と付き合い、内情を分析していくことが大切です。外国を批判し非難するだけにとどまっていては国益を守れないと思います。

※11　安全保障の諸問題に対して、経済制裁等の経済的手段を重視する考え
※12　安全保障の諸問題に対して、人工知能等の科学技術の要素を重視する考え

第4章 習近平の中国に学べ

中国の復活

江崎　ここからは中国についてお話を伺いたいと思います。日本にとっては経済的にも深い関係がある隣国ですが、渡部さんは、非常にいびつで、同時に恐ろしい強さを持っていると指摘されておられますね。

渡部　私は中国、とくに習近平の野望については口を酸っぱくして何度も〝警告〟してきました。彼らの考えは、アヘン戦争以来の１００年の屈辱の歴史を乗り越えて、清朝最盛期の版図を取り戻すということなのです。

中国人、とくに中国の指導者は、自分の力が強いときは国境を拡大する傾向がある。力が弱いときに縮小するのは仕方ない。しかしいまは自国の国力が増しているのだから、どんどん外へ行こうというのは、中国の指導者としては普通の考え方です。

江崎　「戦略的国境」という概念ですよね。中国共産党政府もさすがに公式には言及していませんが、現在の国境線はあくまで暫定的なものにすぎず、中国の国力に連動して国境は動くのだと。つまり軍事力が増大すれば国境は外へと動き、支配地域は拡大するというユニークな考え方です。

こうした「戦略的国境」の考え方に基づいて、中国は軍事費を増やし、軍拡を続け、南シナ海のスプラトリー諸島に中国軍の基地を建設するなど、いまも支配地域の拡大、つまり対外侵略を進めているわけです。

渡部　私は平松茂雄《ひらまつしげお》先生に則って「戦略的辺境」という言葉を使っていますが、辺境というのは国境と同じ意味です。

習近平の「中国の夢」

渡部　もう少し具体的に踏み込みましょう。習近平は、国家の発展および復興のヴィジョンを「中国の夢」と表現しています。その夢とは「中華民族の偉大なる復興」です。

中国には、イギリスが仕掛けた1840年のアヘン戦争から中華人民共和国成立（1949年）までの屈辱の100年があります。習近平の野望は、列強の植民地になる以前の世界一の大国へと復興を遂げることです。

中国は2013年の全国人民代表大会において、ふたつの100周年に関連付けた目標を発表しました。ひとつは、共産党創設100周年にあたる2021年までに貧困を撲滅し、ゆとりある「小康社会」を実現することです。

もうひとつが、中華人民共和国創建100周年にあたる2049年までに富強・民主・文明・調和の「社会主義現代化国家」を実現することです。

これらふたつの大目標は2015年の『国防白書』にも記述されておりまして、軍事戦略の前提となっています。

さらに習近平は2017年の第19回党大会で、「中国人民解放軍に関する3段階発展戦略」を発表しました。まず、2020年までを第1段階として「軍の機械化と情報化を実現」し、2020年から2035年までを第2段階として「国防と人民解放軍の現代化を実現」し、2035年から2050年までを第3段階として「総合国力と国際的影響力において世界の先頭に立つ社会主義現代化強国を実現」することが目標です。

つまり中国は、建国100周年の2049年までに、アメリカに代わって世界の支配者になることを目指しているのです。

江崎　習近平国家主席は、1980年代に改革開放政策を推進し、アメリカとの関係改善を目指した鄧小平の「韜光養晦《とうこうようかい》」も早々に放棄しました。韜光養晦というのは、「才能を隠しながら、内に力を蓄える」という方針です。腹で何を考えているかは別としても、ともかくも鄧小平の時代には表立った国際対立を引き起こさないよう、自重していた。

しかし習近平は大きく方向転換し、強圧的な姿勢で「アメリカに追いつき、追い越す」政策を推進しています。日本政府が何度も抗議しているにもかかわらず、尖閣諸島周辺海域に中国の監視船や軍艦を送り込んでいます。

当然、この対外強硬路線はトランプ政権とぶつかります。それが貿易戦争や米中新冷戦の引き金を引いて現在の状況がある。日本の報道を見ていると、トランプ政権が保護主義で、アメリカ側から中国と貿易戦争をはじめたかのように報じていますが、中国の習近平政権側の問題点も同時に指摘しておくべきですね。

渡部　さらに習近平はこの目標を達成するために、「海洋強国の夢」「宇宙強国の夢」「航空強国の夢」「科学技術強国の夢」「2030年までにAIで世界をリードする」などの明確な目標を掲げて「中国の夢」の実現に邁進しています。私も中国には厳しいことを言ってきましたが、きわめて明確な目標を設定しながら遮二無二《しゃにむに》それを実現していく姿というのは、敵ながらあっぱれと思います。

トランプが本気で対抗してくる前まで、習近平は自分が世界のナンバー・ワンの指導者になるのだと本気で思っていました。党大会などでもそれを公言していた。中華人民共和国の建国100周年、つまり2049年までに世界一の国になり、グローバル覇権を達成するんだと世界に堂々と宣言していました。

しかし当然、このような態度はアメリカにとってはカチンときます。とくに白人エスタブリッシュメントにとって、中国は許せないのです。

江崎　アメリカを追い出してへゲモニー・ステートになるみたいなことを言うのですから、アメリカの卓越戦略からすると絶対に許されない話です。だから、トランプ政権は、習近平の野望を叩き潰そうとしている。

本気度は予算に表れる

江崎　僕は「予算は国家の意志である」とよく言っています。国家予算を見ればその国が実際のところ何を考えているか、さらにはその本気度までわかるからです。

ビジネスでもそうです。ある企業の経営者が「日本全国に支社を展開します」と言っている。「では予算はどれくらいを考えていますか」と聞いて「予算はつけないけど、やります」のような返事があると、「ああ、希望のお話ですね」とわかる。

しかし、「日本の全国47都道府県全部に支社をつくる。そのために10か年計画で毎年300億円をつぎ込む」と言われれば、「これは本気だな」と判断せざるを得ない。予算を見れば本気度は明確になるのです。

中国は防衛費をこの30年ぐらいで40倍以上にしています。数字は渡部さんのほうが細かくご存知だと思いますが。これほど予算をつぎ込んでいるということは、間違いなく本気です。

逆に安倍政権になって防衛費は全然増やしていないので、「日本は安全保障に力を入れます」と言っても、国際社会では誰も本気にしません。国家予算には国家意志が表れるのです。お金、国家予算をつぎ込まないで「日本を守ります」と言っても虚しいだけです。

これだけ日本を取り巻く国際情勢が悪化しているにもかかわらず、前年踏襲の予算を続けているということは、我が国の防衛体制を何も変える気がないというメッセージを海外に送っていることなのです。

僕が永田町にいてとにかくうんざりしてきたのが、「前例踏襲」と、「役人の言うことに従うことが政治だ」という空気です。官僚たちは前例踏襲でいいでしょうが、それでは国益を守れない、状況に対応できないことがある。そこで思い切った政策転換を主張する政治家や政党が現れて、それを選挙において有権者が支持したならば、官僚がなんと抗弁しようとも政策を転換する。それが民主主義というものです。

官僚たちの前例踏襲政治で、防衛予算ひとつ増えない現状を見るたびに、なんのために民主主義政治があるんだ、なんのために選挙があるんだといつも思ってきました。

では、官僚たちの前例踏襲政治を変えるためにはどうしたらいいのか。政治家が官僚集団に依存しないようにすることです。官僚集団とは別のところで政策を提案する仕組みが必要だということです。アメリカではその役割を民間シンクタンクが果たしていて、官僚とは別の政策を提案し、それを政党が採用することで、状況に応じた劇的な政策転換が可能になっています。

渡部　そのような仕組みは日本にはありません。民間シンクタンクをつくっていくのは喫緊の課題と思いますが、つくった政策を受け入れる側の体制も変わっていかないといけませんし、なかなか前途多難な状況があります。

科学技術大国を目指す中国

江崎　中国のＧＤＰは日本を追い抜き、世界第2位になったわけですが、中国の科学技術の発展も目を見張るものがあります。日本ではいまだに中国の科学や技術水準を上から目線で批評している人がいますが、とんでもない間違いです。

渡部　いまや中国はスーパーコンピュータ、量子技術（量子コンピュータ、通信、暗号）、自動車生産数、携帯電話生産数など多くの分野で世界一になっています。習近平は「科学技術大国を目指す」と公言し、科学技術でも世界一のアメリカに肉薄しています。

とくに科学技術と軍事技術は密接に関連していますので、兵器や戦い方のハイテク化における中国人民解放軍の進歩には目を見張るものがあります。現代戦にとって不可欠なサイバー戦、電子戦、宇宙戦、ＡＩや無人機システム（ロボットやドローンといった無人兵器）などでの進歩は目覚ましい。

江崎　軍事的な技術開発と、産業界やアカデミアを含めた民間の研究・開発が一体となって進められる体制がある国は本当に強い。後でまた触れることになると思いますが、日本ではアカデミズムが「軍事や国防には絶対かかわりたくない」と言ってアレルギー反応を起こす状況ですから。

渡部　文部科学省所管の科学技術振興機構の調査によると、コンピュータ科学や化学など4分野で中国が論文数のトップになったとされています。主要科学8分野を米国とトップを分け合った形で、科学研究でも米中2強の時代に突入しています。

それに対して日本の科学研究、論文数は低迷しています。むしろ我々のほうが、技術立国とかものづくり大国とか言える状況ではなくなっているわけです。日本の科学技術における空洞化は今後さらに深刻になると思います。

江崎　日本はこの10数年、緊縮財政のもとで、介護や医療といった社会保障費の増大のあおりを受けて、科学技術に関する国家予算を抑制してきましたからね。研究開発に関する先行投資を怠たれば、技術大国でなくなっていくのは当然です。

米中2強のAI研究

渡部　これから大きな発展が期待されている分野のひとつがAIです。AI分野ではアメリカがやはり強いですが、中国も既に非常に高いレベルにあります。

中国指導部はAIを将来の最優先技術に指定し、2017年7月には「新世代のAI開発計画」を発表しました。そのなかで「中国は2030年までにAIで世界をリードする」という明確な目標が設定されています。実際に大規模な予算が投入されていまして、AI研究への投資額はアメリカを超えて世界一です。

AIに関する論文数でも中国はアメリカを上回っており、こちらも世界一。特許数ではアメリカに次ぐ第2位です。数だけではなく質の面でもアメリカを猛追しています。AI研究は実質的に米中2強の状態といっていいでしょう。

AI研究に関しても、中国は軍事・産業・アカデミアが一体となり、国を挙げて研究開発を行っています。香港の英字紙『サウスチャイナ・モーニング・ポスト』に面白い記事がありました。18歳の若者を対象とした「北京技術研究所（BIT）プログラム」というAI兵器の開発プログラムを紹介したものです。

BITプログラムでは、志願者から選抜された優秀な高校生31人を集め、4年間のAI兵器システムプログラムを行うことになっています。このプログラムにあたってBITの教授の出したコメントがふるっていますので、引用しておきましょう。〈31名の子供たちは全員、非常に聡明だが、聡明だけでは不十分だ。創造的思考、戦う意思、困難に直面した際の粘り強さ、新兵器を獲得しようとする熱意を持った愛国者でなければならない。〉

江崎　非常に中国らしい育成方針ですね。あの人口から選ばれたとんでもない天才たちが、こういった環境でAI開発を行っている。プログラム自体の是非はここでは問いませんが、我々はこういう人たちと対峙しているのだということは覚えておかないといけない。

渡部　実際、AIの軍事利用に若者を参加させるというやり方には国際社会からも批判が出ています。しかし中国がそんなものを気にするわけがない。オブラートに包むか包まないかの違いだけで、ほかの国も似たようなことをやっているだろうと。重要なのは、ご指摘のように我々はこういう連中を相手にしているのだということです。

AIの軍事利用はどこまで進むか

渡部　囲碁AI「アルファ碁」の登場は、中国の軍事関係者にとっても衝撃的なものでした。軍事を専門にする人間からしても、戦闘シミュレーション、ドクトリン（戦い方）の開発、軍事教育・訓練への応用、指揮官が下す決心などについて、AIの大きな潜在能力を示したように見えたからです。

「アルファ碁」にも複数のヴァージョンがありまして、初期のヴァージョンではトップ棋士の棋譜を使って、「深層学習（ディープラーニング）」で実力を高めていました。つまり人間の用意したデータや知識を使って学習していた。

ところが「アルファ碁ゼロ」という後期のヴァージョンになると、人間によるインプットは囲碁の基本的なルールのみで、あとはＡＩが自己対局による学習を繰り返すことで強くなることが可能になりました。これが意味するのは、データの足りない分野でもＡＩが活用できる可能性が広がったということです。

江崎　一定のフレーム内での分析にかけては、ＡＩは人間をはるかに上回ります。そしてＡＩが適用可能な領域がどんどん広がっている。作戦立案、意思決定、無人機システム、サイバー戦への利用等、ＡＩの軍事利用を考えるときりがありません。

渡部　中国はＡＩが戦争を情報化戦（informatized warfare）から知能化戦（intelligentized warfare）へとシフトさせると確信しています。

中国は「ＡＩによる軍事革命」や「戦場のシンギュラリティ」という言い方をしています。シンギュラリティは使う文脈によって意味が変わりますが、この場合では「ＡＩの発達により軍事のあらゆる分野において抜本的な変化が起こること」を意味します。このシンギュラリティに達すると、戦場の無人化が加速し、人間の頭脳ではＡＩの戦闘スピードについていけない可能性が出てきます。

「AIによる軍事革命」では無人機システムとAIの融合が言われており、これらが実現すると戦争の様相は大きく変わるでしょう。そして中国がその先頭を走っているということです。

AI技術についてもうひとつ注目すべきは「軍民融合」です。民の技術を軍に転用し、軍の技術を民に転用する。習近平みずからが「中央軍民融合発展委員会」を主導する力の入れようです。

アメリカにはGAFAというITの巨人企業を指す言葉がありますが（P35参照）、中国にはBATがあります。バイドゥ（Baidu）、アリババ（Alibaba）、テンセント（Tencent）という中国のインターネット企業3社の頭文字をとったものです。14億の人口から得られるビッグデータはBATにとっても強みであり、中国の民間IT企業にも大変な力がある。残念ながら我が国にはGAFAやBATに相当する企業はありません。

例えば車の自動運転技術は無人機システムと相互応用が可能ですし、画像認識は兵器の目標認識技術と密接に関連しています。

ちなみにこの「軍民融合」はAI技術だけでなく、量子科学技術やバイオ技術といったほかの最先端分野でも進められています。中国版の軍民融合を観察していると、日本版の軍民融合が必要だと思うようになりました。

「5Gの地政学」

渡部　AI以外にも中国は現在、2049年の中華人民共和国建国100周年までに「世界の製造大国」としての地位を築くことを目標に掲げ、「中国製造2025」という産業政策をぶち上げました。

「中国製造2025」では重点ハイテク10分野が列挙され、そのトップに挙げられているのが5G（第5世代移動通信システム）です。これは新時代の情報インフラにあたるもので、5Gの普及により情報通信、自動運転、無人機システム、医療、セキュリティなどの多くの分野で革命的な変化が起きると期待されています。

最近これに関連して、「5Gの地政学」という表現を使う論考が増えてきました。国際政治学者イアン・ブレマーが社長を務めるコンサルティング会社「ユーラシア・グループ」が「5Gの地政学（The Geopolitics of 5G）」という報告書を公表しましたし、中国人民解放軍の研究で有名なエルサ・カニアも中国における5Gの軍事活用に関する論考を発表しています。

江崎　地政学というのは、地理的な条件が政治や軍事に与える影響を考える学問です。しかしこれからは現実の地理だけではなく、「デジタル上の地理的条件、近接的な関係」が重要になるという考え方ですね。

渡部　カニアの論考のなかでは、〈5Gの技術とその応用において中国の企業（ファーウェイやZTEなど）がほかの諸国をリードしている。中国製5Gの優勢を阻止しようとするアメリカ等の動きにより、世界が5Gをめぐり2分され、世界の経済や安全保障に大きな影響を及ぼす。米中覇権争いの象徴である5Gが引き起こす地政学的リスクが今後焦点になる。〉と指摘されています。

「ユーラシア・グループ」は毎年世界の10大リスクを発表しているのですが、2019年版では「米中の覇権争い」が2番目に挙げられています。「ユーラシア・グループ」が発表した『5Gの地政学』の結論だけを申し上げます。

・他国に先駆けて5Gネットワークを構築する中国が先行者利得を獲得する
・中国製5Gはアメリカ等の国家安全保障上のリスクとなる
・5Gに関して米中それぞれが主導するふたつのエコシステム（経済的な依存関係や協調関係）が世界を分断する

5Gの導入が実現されれば、最新ネットワーク上で実行される次世代技術の展開が可能になり、これはもちろん産業から軍事まで多くの分野での技術革新を促します。その基盤となる5Gに米中どちらが主導するシステムを使うのか。自分の5G陣営になるべく多くの国を引き入れるために、米中の間で熾烈な政治的闘争が行われています。

中国は「デジタル・シルクロード」という構想のもと、「デジタル覇権」に向けて着実に布石を打っています。これは主に発展途上国で中国企業が建設する通信ネットワークを整備し、最終的にそれを利用する国々で中国が統制可能なサイバー空間をつくりあげる壮大な計画です。現状は光ファイバーやWi-Fi網ですが、もちろん将来的には5Gネットワークの設置を念頭に置いています。

「デジタル・シルクロード」構想はまさに「5Gの地政学」に基づく中国独自の戦略で、非常に優れたものであることは間違いありません。逆にアメリカにとっては、デジタル覇権を中国に奪われる可能性を含むものですから、危険きわまりない構想ということになります。

この先見性と、それを構想に終わらせずに実行する中国の能力というのは恐るべきものがあります。

江崎　戦いに勝利するためには「制海権」「制空権」を確保することが重要だと言われてきたわけですが、中国はさらに「制脳権」、つまり電脳・デジタルの世界を制そうとしているわけですね。

米中は国を挙げて最先端技術を開発している

渡部　中国の言い方を借りれば「軍事智能化」ということになりますが、5Gは軍事技術とも密接に関連します。膨大な量のデータ通信への貢献はもちろん、AIや無人機システムなどの新しい軍事技術を支える基盤となるわけです。

5Gは先ほどの「軍民融合」が適用されている好例です。軍民デュアルユース技術として、民間企業と軍が協力しながら技術開発が行われています。実際、2018年に設立された「5G技術軍民融合応用産業連盟」には、ZTEや中国航天科工集団公司（CASIC）をはじめとした多数の大手中国企業が参加しています。

5Gは産業にも軍事にも大きなインパクトを与えることは間違いありません。中国はそこを十分に認識し、文字通り国を挙げて開発を進めているわけです。

もちろんアメリカも、5Gの産業利用とともに軍事利用を研究しています。アメリカも多くの分野で実質的な軍民連携を行っています。同時に、5G開発の中心となっている中国企業をアメリカ市場や同盟国から締め出し、中国の技術覇権への野望に対抗している。結果としてこの先、中国主導とアメリカ主導の5Gを使うふたつの陣営が現れることになるでしょう。

それでは日本はどうするのか。日本も4G技術までは一応の存在感を示してきましたが、5Gでは米中2国がかなり優位です。ぜひとも国を挙げて開発を進め、日本独自の5Gネットワークをつくってほしい。それくらいの気概がなければ他国の敷いたレールを走らざるを得ず、振り回されるだけです。

まずは日本も、5GとAIは安全保障と産業双方の根幹にかかわってくる技術なのだという認識を持つことです。やはり5Gにおける日本版の軍民融合が必要だと思います。

江崎　しかし米中両国に比べ、日本の状況は本当にひどいものです。国全体として明確な目標や戦略はなく、国家ぐるみの体制がいまだに存在しません。遅まきながらも動きはじめた「AI戦略実行会議」にしても、防衛省からの参加者、つまり軍事専門家は入っていません。軍事という視点を大学だけでなく、肝心の政府自身も欠落させているわけです。

とにかく日本では、アカデミア側の軍事や国防に対する拒否感が強すぎます。その一方で、中国による知識・技術窃取には甘すぎるという矛盾があります。

軍事研究反対と言っているが、あなたの研究室にいた留学生が国に帰って何を開発しているのか、本当に知っているのかと言いたい。

渡部　いくら個々人が優秀でも、この状態で米中と張り合いなさいというほうが無理な話です。予算から人員規模からまったく違う。

あちらは軍民団結してがむしゃらに研究開発を進めているわけです。日本は軍民一致という言葉に嫌悪感を示しがちですが、国を挙げて最新技術の開発に邁進しなければとてもじゃないですがついていけない。ともかくいま危機意識を持たないと、10年後にどうなっているのか恐ろしい限りです。実現手段には疑問符が付く面もありますが、中国の先を見据えた戦略と実行力は率直に言って認めざるを得ません。

最先端技術の窃取への対策をどうする

江崎　中国の大きな技術躍進について伺いましたが、中国の発展には大きな負の側面もあります。例えばアメリカをはじめとする諸外国からの技術窃取です。

渡部　中国はサイバー・スパイ活動（ハッキング）、人的なスパイ活動、最先端技術を有する外国企業の買収、中国に進出している外国企業に技術提供を強要するなどの手段を使い、最先端技術をなりふり構わず集めています。

また、世界最大の通信機器会社ファーウェイをはじめとする中国企業の製品には、情報を集めるためのバックドアやスパイウェアがあらかじめ組み込まれているという指摘が先進諸国からなされています。このような理由から、ファーウェイ製品を締め出そうとする動きが加速していますし、アメリカは国内のみならず友好国にもファーウェイ製品の排除を求めています。ファーウェイ以外にも、ZTE、ハイテラ・コミュニケーションズ、ハイクビジョン、ダーファなどの製品やサービスが名指しでアメリカの官公庁での使用が禁止されています。

この背景には中国で2017年に施行された「国家情報法」というものがあります。「国家情報法」の第7条では、「いかなる組織および個人も、国の情報活動に協力する義務がある」と明記されています。

江崎　つまり、すべての中国国民と企業は、中国共産党が命ずるとスパイ活動をしなければならない。

渡部　それを法として堂々と規定してしまったわけです。このような不法な情報窃取に対して危機感を持ったアメリカは、さまざまな手段を使ってこれに対処しています。米司法省は中国へ先端技術を持ち出す産業スパイの検挙を強化する「チャイニーズ・イニシアティブ」を実施しています。また中国企業によるアメリカのハイテク企業の買収にも禁止措置をとっていますし、ハイテク製品の輸出も禁止しています。

通過関税もそうですが、アメリカの国内法をうまく使って、中国企業がアメリカのハイテク企業を買収していくのをシャットアウトする。さらにはアメリカの国内法でもって、ほかの国々の経済活動まで影響を及ぼしてしまう。一方的にやられているだけじゃなくて、このしたたかさを日本もやはり見習うべきだと思います。

江崎　中国による日本企業の買収問題については日本の技術を守るべく動いたことがありますし、いまも軍事転用可能なハイテク技術に関して走り回っています。重要な技術を持つ日本企業が台湾や中国に渡らないように、アメリカの協力も得ながら、どう買収を阻止するかと。

渡部　江崎さんの立場からは発言しづらいでしょうから私が言いますが、しかし日本の経済産業省が動かないんですよね。むしろ「制約の多い日本企業が持っていても仕方ないから、アメリカに売ってしまえばいい」みたいなことまで言ってしまう。

さらにアメリカでは「海亀」と呼ばれる中国人への対処も検討されています。海亀とはアメリカに留学し、あるいは米企業で働き、最先端技術を身につけたのちに中国へ帰ってその技術を活用する人たちのことです。

これらに関連して象徴的だったのが、2018年12月1日、ファーウェイの副会長兼最高財務責任者である孟晩舟《メンワンツォウ》がカナダで逮捕されたことです。逮捕された場所はカナダですが、アメリカの要請に基づくものです。直接的な理由は対イラン制裁違反容疑ということになっていますが、まあそれは建前でしょう。

江崎　孟晩舟はファーウェイの創始者任正非《レンツェンフェイ》の娘で、ファーウェイの次期CEOと目されていた重要人物です。その孟晩舟を逮捕したことは明らかにトランプ政権の対中貿易戦争の一環で、不公正なやり方をしている中国企業を許さないというアメリカの本気度を見せつけるものでした。

渡部　アメリカがファーウェイをターゲットにしたのは、スパイ活動だけが理由ではありません。ファーウェイは5Gの世界一の企業であり、子会社に優秀な半導体企業ハイシリコンを持った企業であり、習近平の「科学技術強国の夢」実現の一角を担う企業だからです。

なりふり構わない手段でアメリカの技術覇権を脅かす中国を、アメリカのほうも本気で潰しにかかっているわけです。

「力の均衡」から「脅威の均衡」へ

江崎　トランプ政権の対中強硬策によって、状況は変わってきていますが、これまでのところ、中国は最先端技術において大きな躍進を遂げています。軍事力に関してはどうでしょうか。

渡部　私が『米中戦争――そのとき日本は』を書いた動機は、中国の軍事力を徹底的に分析したらどのような結果になるか興味があったからです。当時は日本の軍事専門家でも米中の軍事力を正確に理解していませんでした。

そして客観的にシミュレーションしたところ、2017年時点においては全体の軍事力はアメリカのほうが圧倒的に上でした。中国も追いついてきてはいるけれども、まだまだアメリカと対等に戦えるレベルではない。しかし中国本土と距離的に近い場所、例えば台湾においては中国が局地的に有利な状況になっているという結果が出ました。

その際、とくに強調したのは距離の重要性です。距離の重要性を言ったのは私だけではなく、ハーバード大学のスティーブン・ウォルト教授がずっと前から指摘しています。ウォルト教授は非常に有名なネオリアリズム[※13]の世界的権威ですが、彼は力の均衡（バランス・オブ・パワー balance of power）も重要だけれども、脅威の均衡（バランス・オブ・スレット balance of threat）を重視せよと主張しました。

例えば軍事力がものすごく大きくても、遠い国ではそれを脅威とまでは考えない。日本は距離的に近いから中国を脅威と感じるけれども、遠いヨーロッパの国々は中国を脅威とは感じない。

江崎　そう見えますね。

渡部　だからバランス・オブ・パワー、力の均衡ももちろん大切ですが、それ以上に大切なのは脅威の均衡だということなのです。

江崎　防衛費だけを比較して、アメリカのほうが中国より圧倒的に優位であると主張する人もいますが、それもとんだ勘違いです。

アメリカは6方面軍を所持しており、アジア太平洋方面はインド太平洋軍、通称ＰＡＣＯＭ《ペイコム》（アメリカインド太平洋軍　United States Indo-Pacific Command）の担当範囲です。

※13　アメリカの国際政治学者ケネス・ウォルツが提示し、国際政治の主要理論のひとつになった。ウォルツは、世界政府が存在しない無政府状態という構造下で、各国が自国の安全保障を追求する結果、勢力均衡状態が形成されることをもって規則性ととらえた

トランプ政権になってからアメリカの防衛費は急増していて、いまや日本円にして約80兆円と言われています。いままで62兆円だったのが、この2年で年間8兆円くらいずつ増やしている計算です。

ですが、アメリカはヨーロッパ、アフリカ、南米など全部見ているため、単純に6で割ると、インド太平洋方面の防衛費は13兆円くらいになります。対する中国の2018年の防衛費は日本円に換算すると約20兆円です。そして中国が見ているのはインド太平洋方面だけ。局地的な地域の防衛費だけで言えば、中国のほうがアメリカより圧倒的にお金を使っているのです。その計算をきちんとしておかないと見誤ります。

そもそもアメリカが、ほかの地域をすべて放り出して中国だけに全力を注ぐことはあり得ません。その計算をせずに「アメリカは超大国だから大丈夫だ」とするのは、あまりにも米軍の実態・現実を見ていない人の空論と言わざるを得ません。

バランス・オブ・パワーと核

江崎　ちなみにバランス・オブ・パワーの話が出たので少し取り上げたいのですが、ここでいう「パワー」というのは、要は核兵器のことですよね。

以前アメリカの軍人と話した際に、「日本も中国の軍拡に対抗して軍事力を強化し、アジア太平洋でのパワー・バランスを確保するように努力しなければ」みたいな話をしたんですが、そのとき、彼から「ミスター江崎は、パワーとはなんのことだと思っているのか」と問い返されたことがあったんです。

「軍事力のことではないのか」と返答したら、「ふー」という深いため息をつかれたんです。「核を抜きにしたパワーなんてない。だから日本はバランス・オブ・パワーのパワーたりえない。そんなことも知らずに、バランス・オブ・パワーの話をしているのかい」みたいな形でたしなめられたことがあるのです。

渡部　広義には人口、軍事力、経済力、技術力などを含めた総合的な国力を指しますが、実質的には核が最も大きな意味を持ちます。軍事力の中核というのは最終的には核兵器ですし。

江崎　この核兵器問題に関しては順番を追って、段階的に検討していくことが大切だと思います。とりあえず、核を持つ前に自衛隊基地の警備の人たちに銃弾を渡すことです。平時において自衛隊基地の警備を担当する自衛官にすら銃弾も持たせないような状況で核を持つことなど可能なのか。まずは、平時において自衛隊が他国の軍隊並みの活動ができるようにすることが先決です。そのうえで、先ほど言ったようにバランス・オブ・パワーの「パワー」が実際に何を意味しているのかぐらいは理解しておきたい。

渡部　核兵器開発に必要な核実験にしても、現実的にこのご時世どこでやるのだという話ですし。コンピュータを使ったシミュレーションといっても限界があります。日本の核武装には複数のハードルがありまして、巷間言われるほど簡単ではない。

中国の成長は持続可能か

渡部　話を中国に戻しますと、中国とインドの復活は歴史的に見ると当然と言える面があります（図⑤）。この図で例えば１０００年代や１８００年代を見ると、インドと中国が世界経済のなかでどれほど大きな割合を占めていたかがわかります。歴史的に見ればここ１００年がむしろ例外のような状況で、いまは中国とインドの力がもとに戻りつつあるというのが私の見方です。こういった長期的なものの見方、考え方も大切だと思います。

中国に関する長期的評価の視点としてもうひとつ、ジョージ・ワシントン大学教授のデーヴィッド・シャンボー教授の視点も紹介したいと思います。シャンボー教授は当初はパンダ・ハガーで、親中国的な発言ばかりしていました。しかし彼自身が中国で生活するなかで、考えを変えていきました。

将来的なモデルとして、全体主義的な傾向を強くすればするほど、中国は後退、萎縮、崩壊するという考えに彼は至りました（図⑥）。そして中国がこれから発展するためには民主主義的な立場をとらないといけない。そうすると改革も成功するだろうし、中国の経済も本当の意味で発展するだろうというのが彼の結論です。

江崎　中国経済の見通しについて、民主主義的な立場をとることがその後の経済発展のために必要だというのは、日本でも指摘されていますね。

図⑤　歴史から見た各国の経済占有率

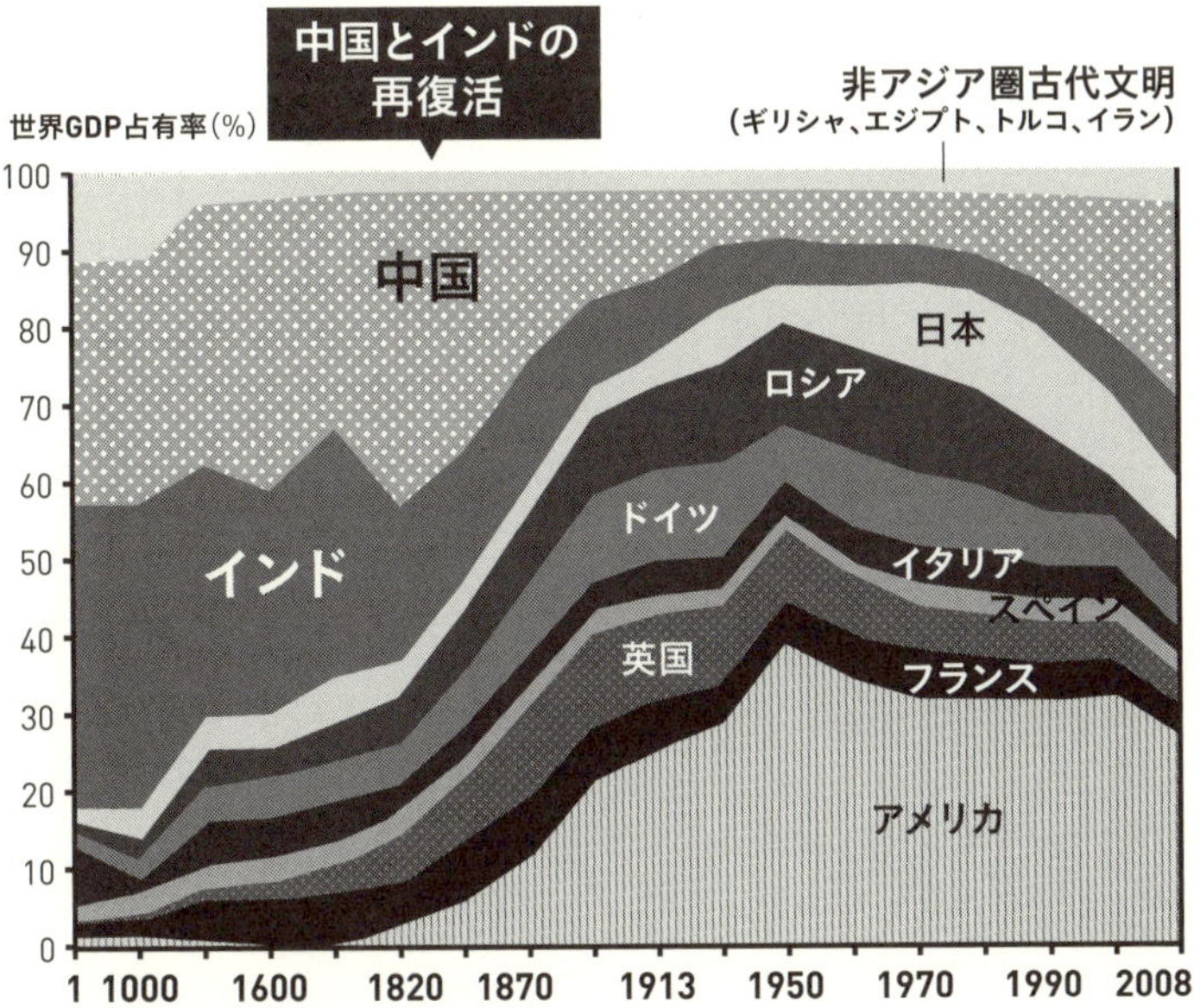

出典:Statistics on World Population, GDP and Per Capita GDP, 1-2008 AD, Anqus Maddison, University of Groningen.

図⑥　中国の将来（シャンボー教授モデル）

中国の将来モデル	将来モデルの結果
全体主義	後退、萎縮、崩壊
強い独裁主義	限定された改革、停滞、下落
ソフトな独裁主義	隠健な改革、民主主義への部分的な移行
準民主主義	改革の成功、民主主義への完全な移行

ただし、中国経済が今後も爆発的に成長を続けていくのかというと、私は疑問です。

例えば、エコノミストの安達誠司さんが『ザ・トランポノミクス』（朝日新聞出版）において、中国の中長期的なシナリオとして次の三つを指摘しています。

①変動相場制採用による対外開放路線の実現（安定成長シナリオ）
②「中所得の罠」による長期停滞（低成長シナリオ）
③統制経済の強化と対外強硬路線

この三つのシナリオの前提として、現在の中国経済は高度成長期を終え、いままさに低成長時代へと移行する局面に位置していると、安達氏は指摘しています。

ひとり当たりＧＤＰが８０００ドル程度に達した時点で、経済成長率が大幅に鈍化し、場合によってはひとり当たりＧＤＰ水準が低下する事態に見舞われることを「中所得の罠」と呼びます。

これは、輸出主導型、それも安価な労働力を背景として価格競争力を利用し、付加価値率が低い「コモディティ」的な製品を大量に輸出することで高成長を享受するという「薄利多売」型の高成長局面が、ひとり当たりＧＤＰが８０００ドルに到達した時点で限界を迎えるという経験則です。生産者ごとの製品の特徴の違いが次第に失われ、均質化・均等化していき、安売り競争に陥ることで利益率が低下していくということです。

さらに、ひとり当たりGDPが8000ドルに到達すれば、国民一人ひとりの生活水準もそれなりに上昇しており、労働者もそれまでの低賃金労働では我慢できなくなります。これを「ルイスの転換点」と呼びます。

この転換点に差しかかると、

①高賃金の労働力でも十分利益が出るような、より付加価値の高い製品を輸出する新しい「輸出主導での成長」モデルへの移行

②国民の生活水準の上昇を活かした「消費を中心とした内需主導型の成長」モデルへの移行

のどちらかを選択する必要が出てくると安達氏は指摘しています。

こうした観点から中国の習近平政権は2015年に「中国製造2025」という構想を立ち上げ、主要な技術分野で中国の覇権を確立し、引き続き「輸出主導型での成長」を目指そうとしたわけです。

ですがこの「中国製造2025」は、アメリカなど先進国のハイテク技術を盗もうとする「産業スパイ計画」ではないのかという疑念を招き、トランプ政権をはじめとする西側諸国から厳しい警戒心を招いてしまったことは先ほど触れた通りです。

では、中国は今後も経済成長を続けることができるのか。安達氏は、「中所得の罠」に陥ることなく経済発展を遂げた国の代表例として、台湾、シンガポール、韓国といった国々を挙げています。これらの国に共通していることは、規制緩和や税制上の優遇措置によって海外資本を積極

的に導入した点です。

とくに台湾と韓国は、より付加価値の高い品目に産業を特化させることによって、東アジアのサプライチェーン（供給連鎖）の一翼を担い、安定的な経済成長を実現させ、「高所得国」の仲間入りを果たしました。シンガポールは国際金融都市となり、所得の高い人々を海外から呼び寄せることで内需主導型の成長を果たしています。シンガポールに関しては、輸出の「ハブ」としての役割も「高所得国」化の重要な要因となりました。

要は、中国が「中所得国の罠」に陥ることなく経済成長を維持するためには、「対外開放」、とくに資本取引の自由化を積極的に進めることが必要だと安達氏は指摘しているわけです。これまでとは異なる高付加価値を生み出すような投資を海外から呼び込み、労働生産性を向上させることが中国に可能かどうか。

しかしそのためには、中国共産党政府による一党独裁政治を改めなければならない。何しろ外国資本をさらに呼び込むためには、中国共産党による経済・金融支配をやめなければならないわけですから。

その意味で共産党一党独裁から民主主義体制へと移行することが必要なのですが、それは当然、中国共産党支配を揺るがすことになります。

その点を理解したうえで、トランプ政権は米中貿易戦争と米中経済協議において、中国に対して資本取引の自由化を含む「対外開放」を要求しています。もちろん中国としては、その要求をすんなりと飲むわけにはいかないのです。

米中のつながりは日本が思うより深い

江崎　米中の対立がこのまま続くのかという点に関しても、どこかで米中が妥協するというシナリオも考えておくべきだと思います。実はこれまでも、経済界を含めた米中対話が1000人規模で行われてきました。かたや日本は1000人規模の対話なんてアメリカとやったことがないので、規模からして全然違う。さらにこの米中人脈は、国同士の関係は悪くなっているとはいえ、現在も継続されている。

例えば、中国のWTO加盟を目的に経済貿易の研究機関として設立された「精華大学経済管理学院顧問委員会」には、エクソン・モービルCEOだったレックス・ティラーソン元国務長官をはじめとするアメリカの政財界の重鎮が名を連ねています。そして精華大学は、習近平国家主席の出身大学です。

つまりこうした人脈を使って、表向きには「習近平を引きずり下ろして鄧小平型の改革開放をやります」という偽装もできなくはないわけです。

渡部　そしてトランプがいなくなったころに、また自分たちのやりたいことをやりはじめる。

江崎　「中国は我々の言うことを聞いて改革開放に戻った」とアメリカが思ったとたんに、コロッと変わる。人がいいというか、アメリカは騙《だま》されやすいところもあります。米中関係などその繰り返しの歴史です。

よくも悪くも米中のパイプは一般に思われるよりずっと太く、大変な威力を持っている。逆に日米のパイプの細さは恐ろしい状況だと言えます。

渡部　私もそう思います。米中戦略対話が毎年続けられていますが、本当にすごい規模です。

そういえば先に少し紹介しましたが、私がハーバード大学で1年間同じ部屋だった中国人のマクロ経済学者も、米中戦略対話に参加していました。30代後半の男でしたけど、私を監視するために置かれたのだと思います（笑）。奥さんもロンドンの大学を出て、お父さんより英語のうまい娘さんがひとりいた。アメリカのマクロ経済が専門の、本当に優秀な人でした。

向こうで1年間付き合って、その優秀さには本当に感心しました。専門分野以外でもありとあらゆることに関心があるのです。例えば安全保障に関しても、手あたり次第に授業を受けていました。ＭＩＴのバリー・ポーゼン教授のセミナーに行ったら、なんでマクロ経済学者のお前がここにいるのだということもありました。

彼が英語で書いた論文が中国メディアを通じて流されていますが、中国の経済専門家の優秀さを身をもって知りました。1年間にわたって毎日いろいろなテーマで議論をしましたけど、ものすごく勉強になりました。関心の広さ、そして吸収力のすさまじさにはつくづく感心しましたね。

そういう優秀な人がたくさん、少なくとも日本の10倍以上いるということは明らかです。中国には14億の人口という大変な強みがある。日本の10倍以上人口がいるということは、単純に言えば10倍以上の人材がいるということです。そして中国語は文法も発音も英語に近い。これは彼らが英語をしゃべる際に結構大きなメリットとして働いていると私は思っています。

ですから、「日米の絆の強さ」なんてことをよく言いますけれども、米中の絆はこちらが思っているよりずっと強力で、脅威となりうるということを私は声を大にして言いたいと思います。

江崎　だからこそトランプ政権の間に、憲法改正を含む防衛力の強化や産業スパイの取り締まり体制の構築だけでなく、日米関係の強化に関しても死に物狂いでやっておかないといけない。

米中の経済戦

江崎　それと繰り返し話に出ていますが、中国による対米工作が心配です。トランプは大統領になって次々と公約を実現しています。公約実現率は高い。

渡部　きわめて高いです。

江崎　ところが中国経済に対しては違うのです。当初は中国に対し通貨操作国という認定をして、意図的な人民元安、つまり輸出拡大路線を止めると言っていました。ところがこれをまったく言わなくなった。

もちろんいまは世界銀行の人事の入れ替えなどで通貨問題に関するインフラを整えているから、まだそれを言う時期じゃないという判断はあると思いますが、それでもやはり決定打を繰り出していないのです。

そして残念なことに、国際社会における金融、マクロ経済研究において中国のエコノミストの存在感はものすごく強い。グローバルなマクロ経済議論に日本で入ることができているのは、イエール大学の浜田宏一先生や、前述した安達誠司氏をはじめとする数人しかいないと言われています。だからマクロ経済、金融行政のことを考えると非常に心配なのです。

渡部　面白いのは、米中貿易戦争のなかで財務長官のスティーブン・ムニューシンや商務長官のウィルバー・ロスといったスタッフが中国と調整をしながら決めたことを、最終決定の段階でトランプが結構ひっくり返していることです。中国と手打ちをしたいトランプの参謀はわりといるのですが、トランプがそれを最後の最後でなしにしてしまう。

これは結構影響があると思って見ています。江崎さんが言われたように、例えばトランプがいなくなったら手打ちしたい連中はアメリカにもたくさんいる。そうなったときに日本はまたはしごを外されるということなのです。

ですから、ありとあらゆるケースを想定しながら、我が国としては対応をとらなければいけない。ただ単純に「日中友好を一生懸命考えている」だけではうまくいかないのです。アメリカの戦略もきちんと踏まえ、トランプ政権がいま中国に対してどういう本音を持ってやっているかということを認識しながら対応しないと、足元をすくわれる可能性が高いと思います。日本にとっては非常に厳しい状況です。

侮れない中露関係の強さ

江崎　米中関係も深いですが、一般的には仲が悪いと見なされがちな中露の関係というのも実は侮れません。ロシアと中国は、ハイブリッド戦（P180参照）重視という同じ結論に達している。おそらくクリミア問題も含めて、戦略・戦術レベルからインテリジェンスまで、両国は一致するところが多いし、人間関係がものすごく深いのです。

表向きは対立する場面もあるけど、他方で関係は深い。良い譬《たと》えかはわかりませんが、サッカーでいうとロシアと中国はワールドカップでしょっちゅう対戦しているが、日本は高校チームで、まともに対戦をしたことがない。中露はワールドカップで毎回勝利を奪い合っていて、お互いをよく研究し、よく知っている。でも日本はワールドカップに出ていないから、そもそも対戦したことがないし、相手のことがわかっていないのです。そしてワールドカップに毎回出ているチーム同士と、高校のチームとでは、どちらの関係が深いのか、聞くまでもありません。

経済界の人にはこういう説明の仕方をします。中露の間に日本が入って引き離すことができるなんて誤解だと。

渡部　自衛官であれ、自衛官のOBであれ、「日本はロシアとうまく付き合わなければいけない」とみんな言います。「中露を接近させたらダメだ」と。そうは言いますけど、それは無理です。

例えばいま、軍事の装備品や兵器を見ると、ロシアと中国がすごく深い付き合いをまたはじめたのがわかります。密接不可分なくらいの関係でありながら敵対もしているのですが、それをお互いに騙《だま》し合いながらやっている。

騙し合いが行われていることをお互いに理解しながら、しかし深い関係をつくれば互いのためになる部分もあると思っている。例えばロシアは優秀な武器を中国に売りたい。中国としては、それを少数買うことによって技術を盗みたい。互いにそんな相手の思惑なんて百も承知のうえで付き合っているわけです。

タヌキとキツネの化かし合いみたいなことを、あらゆる面でギリギリのところで毎回やっている。これは本当に手ごわいですよ。そういった連中を向こうに回して日本がどれだけやれるか。

江崎　相手がそういうレベルでやっているなかで、ちょっとした経済的な利益だけで中露にくさびを打ち込むことなんてできるはずがない。

渡部　それは甘いです。

江崎　しかし日本にはそういうことを言う人がいるのも事実です。米軍の情報関係者たちから話を聞いていると、ほかの国同士、つまり米英、米中、米ロ、米印などの関係がいかに深いのか、思い知らされることが本当に多い。外交分野はともかく、そのほかの国際的な軍事、インテリジェンスの戦いの現場に入り込む日本人があまりにも少ないため、アメリカ、中国、ロシア、イギリス、フランスなどの国々の深い関係を知らない。軍事やインテリジェンスの専門家を育て、国際社会に送り込んでこなかった、まさに日本の弱点です。

敢えて「習近平から学べ」と言いたい

渡部　中国を分析していて思うのが、中国と日本は真逆なところの多い国だということです。もちろんアメリカと日本も違いますが、本来距離や文化的に近いはずの日中にはずっと大きな差がある。日本から見ると、中国には批判したくなる点も多い。しかしその違いのなかに、いまの日本に決定的に欠けているものを見る気もするのです。

江崎　確かに問題も多い国家ですが、明確な国家戦略を立てて、そこへ向かって官民一致して邁《まい》進《しん》する姿勢には見習うべき点がある。また曲解する人が出そうなので一応述べておきますと、国家総動員的な体制、あるいは全体主義的な姿勢を見習えと言っているわけではなく、国家目標を達成するための必死さと、あのリアリズムやプラグマティックな姿勢は学ぶべきです。

渡部　それにあのファイティング・スピリッツ。アメリカや国際社会から何を言われようが全然へこたれない。スパイが何名捕まろうと工作をやめない。いくら叱られようとサイバー戦をやめない。中国は国力が落ちた国の国民がどのような苦労をするかよく知っているので、本当に必死です。日本のようにみんなにいい顔をする気なんて最初からない。

具体的な手段はともかくとして、習近平のリーダーシップと実行力は大したものだと思います。日本も明確な国家目標を掲げ、その実現のために邁進する中国の姿勢を学ぶべきです。日本に問われているのは「いかなる国家を目指すのか」という明確な目標設定、そしてそれを実現していく気概なのです。ともかく生き残らないと、力がないと、綺麗《きれい》ごとも言えないわけですから。

江崎　中国に非常に厳しい渡部さんがそういうことをおっしゃると新鮮ですね（笑）。

渡部　私も別に中国が憎いから批判しているわけではありません。認めるところは認めますし、一党独裁といった問題点さえ解消されればもちろん手をつなぎたいと思っている。しかし、共産党一党独裁が簡単に終わるとも思えない。まあ「習近平から学べ」には、何割か皮肉が入っていることは否定しませんが（笑）。

そういう意味では、例えば日本も中国を見習って、敗戦から100年を区切りとした「日本再興2045」のような大きな戦略をぶち上げてほしいですね。

江崎　いい構想だと思います。米中を抑えて覇権国になろうとまでは言いませんが、せめて本当の意味で5大国くらいの地位は何としてでも占めるのだという確固たるイメージを国民全体で共有し、そこに向かって必死にやっていこうということですよね。

第5章—ハイブリッド戦の時代に我々は……

Gゼロの世界

渡部　日本が世界秩序のなかでどのように生きていくかというのは、この対談のひとつのテーマだと思っています。現在の世界観として私がずっと主張しているのは、イアン・ブレマーの言う「Gゼロの世界」です。

国際政治の世界では多極構造ということが言われるようになりました。アメリカ、ロシア、中国、あるいは日本、インド、EUと多極じゃないかと。あるいはアメリカと中国の2極だという言い方をする人もいる。しかし、世界の平和と安定に本当に責任を持つ国も組織もないということで、イアン・ブレマーは「Gゼロの世界」と名付けた。私はこれが現実に近いと思っています。

トランプが大統領になり、「アメリカ・ファースト」を主張したために、とくにヨーロッパでアメリカに対する不信感がものすごく強くなってきました。トランプ政権の誕生とともにイアン・ブレマーの「Gゼロの世界」がかなり多くの人たちの共通認識になってきたかなということを思うのです。

江崎　「Gゼロの世界」というご指摘に異存はないのですが、そもそもこれまでも世界の平和と安定に本当に責任を持つ国があったのか、という問いかけも必要ではないでしょうか。少なくともアメリカでさえも、戦前も戦中も戦後も、国益と政権の意向を優先させ、他国の自由と安定を守るために自らの国益を犠牲にしたことはなかったように思います。トランプ大統領はこれまでのような綺麗《きれい》ごとの建前を言わずに、「自国の国益を第一にする」と正直に述べているだけであると。

彼は綺麗ごとを言わないので、「ああ、アメリカはもはや日本を本気で守るつもりはないのだな」と気づく日本人も増えることになった。そういう意味では歓迎すべきことではないかとも思えます。

「キンドルバーガーの罠」

渡部　私は拙著等で何回も書いていますけれども、いま心配なのはハーバード大学のジョセフ・ナイ教授が懸念する「キンドルバーガーの罠」です。これは、既存の大国だけではなく、新たに台頭してきた大国も世界の平和と安定のために責任を果たさないとき、世界の秩序が維持できなくなり、破局的な事態が起こりうるという指摘です。

これを現在に当てはめると、既存の大国アメリカも新たに台頭してきた中国も、それぞれが自己中心的なアメリカ・ファーストやチャイナ・ファーストを主張し、世界の平和と安定に真剣に対応しないという状況です。そのような状態になったときに世界が被る被害、悲劇について、多くの人たちが心配しています。

江崎　「世界の平和、日本の命運をアメリカや中国といった大国に任せていたら大変なことになる」と気づく人が増えることになるのであるならば、それはそれでいいことです。

渡部　ではこういう状況がつくられようとしている状況において、日本はどうすべきか。これは本当に難しい。中国にどのように対応したらいいのか。北方領土問題を抱えるロシアにどう対応したらいいのか。もちろんアメリカにどう対応したらいいのか。台湾もそうだし、韓国、北朝鮮も同じです。安倍首相は、本当に大変な時代にトップに就いていると思います。

ただ、トップがレガシーを求めるようになったら終わりだというのが私の考え方ですが、最近の安倍首相には北方四島の問題を自分がなんとかしなければという焦りのようなものを感じます。自分が首相になっている短い時間において、なんとか北方領土問題を解決したいという。

実際にはこれはものすごく難しいと思います。そしてレガシーをつくろうとして失敗した多くの例を見ているだけに、これは少々危ないなぁと心配しています。変に歴史に名を残そうなんて思わないほうがいいですね。

江崎　２０１８年の秋、永田町である人から「ふたつの北という言葉を知っているか」と言われました。「どういう意味ですか」と尋ねると、「官邸がいま懸命に取り組んでいるのが、北朝鮮と北方領土のふたつの『北』だという噂が飛び交っている」というのです。

こんな遣り取りでした。

「北朝鮮とは、横田めぐみさんたち拉致被害者の奪還のことですか、それとも北朝鮮の核開発のことですか」

「それはわからないが、官邸主導で北朝鮮との秘密交渉を進めていて、主導権を奪われた外務省がいら立っていると聞いている。ともかく安倍首相はこのふたつの北にこだわっているというのだ」

「デフレ脱却と憲法改正は?」

「デフレ脱却については景気も上向きつつあるし、ある程度めどが立ったということではないか。憲法改正については、首相として十分に旗を振ってきたので、あとは自民党執行部に任せたいということではないか」

発言の真偽のほどはわかりませんが、言われてみれば確かに安倍政権は、北方領土問題について熱心です。安倍首相の意気込みは支持しますが、ロシアは国民の生活より軍拡を優先する「軍国主義」国家で、まともな民主主義国家ではありません。しかも国際条約を破る「常習犯」で、これまで日本は両国に何度、騙《だま》されてきたことか。

首尾よく外交交渉が進んで合意を勝ち得たとしても、その合意を「軍国主義」国家に守らせるだけの強制力、つまり約束を守らなかった相手国への軍事的・経済的制裁を実施する力がいまの日本にあるのかと考えると疑問です。まずは自国の防衛力の向上に努めるべきで、軍事力の裏付けなき交渉は徒労に終わるのではないのかと案じています。

トランプの正直さ

渡部　話は戻りますが、「Gゼロ」へと向かう世界のなかでどのような態度を取るか、その選択はものすごく難しい。ハイテク覇権争いにしても、本来ならばアングロサクソン系のファイヴ・アイズが結束すべきときに、イギリスが「ファーウェイを導入したとしてもなんとかなる」と言い出しました。結束を乱すようなことをイギリスが率先して言いはじめたわけです。本当に難しい時代になったなとつくづく思いました。これまで秩序に一応の責任を持っていた国が、その責任を取れない、あるいは取る気がないことを公然と明らかにしはじめました。

江崎　本当にその通りだと思います。「アメリカに従っておけばよい」という時代はもう終わった。トランプは、いいところもあると思うのですが、しかし世界に責任を取る気がまったくない。まあ、オバマにあったとも思えないところではありますが。

渡部　オバマは一応、協調路線はとりましたしね。

江崎　繰り返しますが、トランプ大統領のいいところは正直なことです。アメリカの国益以外については関心がないから、「お前らのことはお前らで勝手にやれ。ただしアメリカの国益を損なうことだけは許さねぇぞ」とはっきり言う。その意味では、「アメリカがついているから大丈夫」とか言いながら、いざとなって梯子《はしご》を外されるよりはずっといい。自分勝手だなとは思いますが、正直に言ってもらったほうがまだマシかなと僕なんかは思うのです。そして日本のメディアには、「トランプはひどいやつだとはやしたてるのであれば、日本の安全保障をそのトランプに依存したままでいいの？」と言いたい。

そういった議論を展開していく前提として、やはり渡部さんがおっしゃるように、国際情勢に関してアメリカの判断に従うのではなく、日本は自身としてどう判断するのかということを考えないといけないのです。「アメリカけしからん」「中国けしからん」と批判するだけで終わってはいけない。

情報の重要性

江崎　その判断を考えるためにも、まずは情報です。軍事だけじゃなくて外交、経済、金融、技術、そういうさまざまな情報を収集し、集約した形で分析する必要があります。

２０１７年秋に訪米した際に、米軍の元情報将校と話したときのことです。新聞・マスコミが連日のように北朝鮮危機で騒いでいたので、「トランプ政権はいつ、北朝鮮への爆撃に踏み切るのか」という質問をしてみたら、彼は苦笑してこう答えました。

「北朝鮮だけを見ていては判断を誤る。我々は現在、アジア太平洋方面ではふたつの大きな脅威に直面している。短期的には北朝鮮。長期的には中国が自国の利益を確保するために軍事力を使おうとしていることだ」

日本では北朝鮮危機だけが注目されていましたが、アメリカの情報将校たちは、北朝鮮と中国とを連動させて考えていたわけです。そのうえで彼はこう続けました。

「北朝鮮の脅威は、軍事だけと言える。経済力がないため、中国に比べればそれほど難しくない。中国は経済力を持っているため、中国に対しては軍事も重要だが、それ以上に外交、諜報、経済などの分野で抑止を行っていくことが重要だ」
まさか元軍人から経済の話が出てくるとは思いませんでしたが、中国が「一帯一路」構想も含め、経済、諜報、外交と連動させてアジア太平洋方面に進出している以上、こちらも軍事だけで対中戦略を考えるわけにはいかない、というのです。このようにDiplomacy（外交）、Intelligence（諜報）、Military（軍事）、Economy（経済）の4分野で戦略を考えることを、その頭文字をとって「DIME」といいます。

要は、米軍の情報関係者たちは、軍事だけでなく、経済やインテリジェンスを組み合わせて北朝鮮や中国に対応しようとしているということです。

ところが日本では、外交は外務省、経済は経済産業省、財務・金融は財務省と日本銀行、軍事は防衛省・自衛隊と縦割りで、「DIME」という横断的な情報分析が圧倒的に不足しています。

アメリカの強みと弱みはどこか。米中貿易戦争は今後どうなっていくのか。貿易戦争が過激化していくと日本にどういうダメージが起こりうるのか。中国のウィークポイントは何で、ストロングポイントは何だ……こういった情報を収集し、分析していく組織が日本にも必要なのです。

そうした省庁の縦割り行政の弊害を克服し、横断的な情報を収集・分析する政府機関のひとつとして、第2次安倍政権は国家安全保障局を創設したわけですが、残念ながらその実働部隊である対外情報機関はまだつくられていません。

対外情報機関が創設されないのは、対外情報を扱うヒューミント（人的な諜報活動）も含めたスパイ工作が主だと勘違いしている人が多いことも一因です。しかし、アメリカの対外情報機関であるＣＩＡの基本は情報収集と分析で、その情報源もオープンソース、つまり普通に手に入る公開情報がほとんどですよね。

ある意味、対外情報機関とは官製シンクタンクのようなもので、まずはそこからでもはじめたらいいのではないかと思います。幸いに日本には、ポスドクといって博士号を取りながら大学の教授になれない知識人層がたくさん存在しているわけですから。

渡部　その通りです。ただし、現実にそれをやるのは大変です。各国のオープンソースをしっかり分析するのだって実際には並大抵のことじゃない。

日本のマスメディアもワシントンD.C.に特派員をたくさん送っています。例えば『産経新聞』に古森義久[※14]（こもりよしひさ）さんという人がいますが、古森さんと『産経新聞』のワシントン支局にいる現役の記者の意見からしてまったく違う場合がある。ここが面白いところで、現地にいたからといって正しく判断できるかといったらそうではない。最終的には情報に関する個人の能力が重要だと思うのですね。

江崎　もちろん優秀な人間を育てていくことも大事です。同じ官邸記者クラブにいたって、『朝日新聞』と『産経新聞』の出す記事は全然違う。それと一緒ですよね。

※14　ジャーナリスト・国際問題評論家。毎日新聞記者を経て、現在は産経新聞ワシントン駐在編集特別委員兼論説委員

官民でできることには違いがある

江崎　付け加えると、情報の収集・分析は官民両方でやるべきです。民間でしかできないことがいっぱいあるからです。例えば韓国の軍のOBたちが「自由と民主主義を守るためにも、文在寅《ムンジェイン》政権を打倒せよ」と抗議活動を繰り広げている。彼らが日本に来たときに、もちろん政府も裏で接触するでしょうけど、堂々と交流できるのはやはり民間です。政府レベルではできないことがたくさんある。官民はそれぞれ違う役割を持っている。

渡部　安全保障に関する唯一の官のシンクタンクは防衛研究所※15です。私も防衛研究所の副所長をやりましたから、内情はよくわかります。所員には優秀な人もいるのですが、結果を対外的に発表するのはかなりハードルが高い。いちいち許可を得ないといけないのです。そうすると本当にタイムリーな情報の発信は難しくなる。

江崎　官だとどうしても、研究成果を公表するまでに時間がかかってしまう。それと政府はある程度、確実なことしか言えませんしね。だけど情報というのはどうしても憶測の部分というのが出てきます。証拠はあるのかと言われたときに、表に出せないこともある。しかし証拠がないとか状況証拠だけだとは、政府の立場としては言いづらい。

　これが民間だと政府ほどの制約はありません。「こういう可能性がある」「こう予想される」という段階でも発表できる。もちろん根拠のない、無茶苦茶な予想は論外ですが、そうやって世論と政治家に、多角的な情報や視点を提供していける。選択肢を政策判断者である政治家や政権担当者たちに示していくためには、どうしても民間側の情報収集・分析体制を充実させていく必要がある。「外務省は何をやっているんだ」と批判するだけでなく、民間の我々もまた、国益を守るために情報収集・分析をしていくことが重要です。

渡部 防衛研究所にいるとつくづく公的機関であるがゆえの制約を感じました。例えば外務省の電報の情報を知っていても、防衛研究所としてそれは発表できない。オープンソースの分析においても、官として発表するとそれはやはりオフィシャルなものになる。したがって発表する前にはお伺いを立てないといけない。中国に関する分析を毎年書いていますが、あれも防衛大臣まで必ず上がりますから。

江崎 大臣まで目を通してようやく発表となる。

渡部 お墨付きをもらわないと発表できないのです。上へと上がっていくなかで時間もかかるし、大胆な分析は書けなくなってしまう。そうして通り一遍の、読んでも仕方のないものになってしまう。そんなことだったら誰でもわかるじゃないかみたいなレポートが出来あがるのは、こういった事情もあるわけです。そういう限界に関しては公的なシンクタンクには宿命的な問題があります。

※15 防衛省の研究機関で、安全保障や戦史に関する調査研究を行うとともに、自衛隊の高級幹部に対する教育機関の機能も果たしている

江崎　それはどこの国でも事情は同じだと思います。だからアメリカは、軍や情報機関と、民間シンクタンクとがうまく役割分担をしています。

例えばこれは拙著『フリーダム』（展転社）で書いた話なのですが、「韓国が北朝鮮にやられたときに、反転攻勢の拠点を福岡もしくは山口に置くことを考えている」と言った韓国人がいました。『フリーダム』ではぼかしましたけど、実際には韓国の対外情報機関の人です。聞くと、国際法上の正当化ロジックまで準備している。たしかに北朝鮮と韓国が交戦状態になったとき、日本にいる在日韓国人を北朝鮮から保護するために治安部隊を送るというのは国際法上グレーゾーンなのです。

つまり韓国は政府として内々に、反転攻勢の拠点を日本につくるところまで想定している。まあ当たり前ですよ、普通の国だったら。第2次朝鮮戦争が起こった場合のシミュレーションは当然のようにどこもやっているわけです。先の朝鮮戦争のときだって、李承晩《イスンマン》は実際に山口県に反転攻勢の拠点を置こうとしたわけですし。そういうことをあちらはリアルに考えているということを、しかし政府の立場では言えないですよね。

渡部　さすがにそれは日本政府としては知っていても言えない（笑）。

江崎　でもそういう話があることは、ある程度の人たちは知っておかないといけない。だから民間の僕なんかがそれを言う。民間には、民間の役割があるのです。「韓国は日本をなんだと思っているのだ」とかそういう意味じゃなく、生き残るためにどこの国も必死だということです。

渡部　そういう意味では日本は戦略的にものごとを考えることを忘れてしまった。というより、戦略的に考えることを禁止されてきたと言える。大学がいい例ですが、このような議論自体が暗《あん》黙裡《もくり》に禁止されていた。安全保障というか軍事を学ぶ学科もない。この分野を考えること自体がアカデミアではずっとタブーでしたからね。

民間防衛の取り組みを

江崎　官民ということでいえば、自衛官や公的な立場の人が現職のときに制約があるのは仕方ない面もあると思うのです。しかしそういった人たちが退役したあと、渡部さんのように知見を国や社会へと還元していく方がこれまで本当に少なかった。近年、自衛隊の幹部ＯＢがオピニオン雑誌やテレビなどで、精力的に見解を発表してくださるようになって、我々としても非常にありがたいと思っています。

言論界のなかには、「対外発信に政府はもっと取り組むべきだ」とか、「もっと外務省が頑張るべきだ」といった形で、政府に頼る人が多い。たしかに政府ももっと頑張ってほしいですが、同時に外国の民間シンクタンクとの交流など、民間でないとできないこともたくさんあるのだから、それは自分たちでやっていくべきでしょう。

明治を代表する言論人である福沢諭吉は「一身独立して一国独立す」と言って、政府に依存せずに、まずは国民一人ひとりがしっかりと働き、稼ぎ、国を担える人物になることの重要性を説きましたが、そうした福沢精神を取り戻すべきだと思います。

渡部　そこで重要なのが知識、見識、胆識です。これは安岡正篤※16（やすおかまさひろ）先生の言っていることですが、知識を高めて、見識を高めて、動けと。私が本を書いているのはそこのところからなのです。結局、国民一人ひとりが自分の国の安全に関しては責任を持ちなさいと。自分たちでも動きなさいということです。

江崎　例えば民間防衛。仮に北朝鮮のミサイルが日本のどこかに着弾したとします。都市に着弾したりしたら、当然ものすごい数の犠牲者が出る。それにいかに備えるのか。

　地下鉄サリン事件がありました。現場に急行した警官たちがいるわけですけれど、まず原因がサリンであることがわからなかった。だけど目の前で被害者は出ている。

　そして現場に駆け付けた人たちもサリンの被害者となる。体の調子が悪いというのですぐに病院に行きました。しかし病院でも原因がわからないうえに、仮にサリンによる被害と判明したとして、それに触ってしまった人にどういう治療をしていいかわかる人がいない。

　いないからどうしたかというと、とにかく様子を見るので今日は帰れ、です。無責任に見えるかもしれませんが、手の打ちようがないのだから仕方がない。彼らも何をしていいかわからないのですから。

渡部　実は私自身、地下鉄サリン事件に遭遇しているのです。あのとき被害が出た地下鉄車両のなかを通過してしまいました。自衛隊中央病院では防衛医大出身の医師たちが迅速に対応してくれました。サリンだということが明確にわかった。防衛医大ではそういった研究をやっていますから、ノウハウがあるのです。

江崎　防衛医大にはノウハウがあった。しかし普通の病院は持っていなかった。

渡部　そうだと思います。東京圏の病院のなかでサリンに対応可能なのはふたつだけだった。自衛隊中央病院と聖路加病院です。聖路加病院には防衛医大出身の医者がいましたから。

おっしゃる通り、サリンに対する知見なんてあのとき大多数の人は持っていなかった。私にしても大学のときにはサリンなんて全然身近じゃなかったですよ。福岡・久留米市にある幹部候補生学校ではじめてサリンという化学兵器を知らされるわけです。そしてサリンの研究や実際に生成をして、防護マスクとか化学防護衣をつくっているのです。埼玉・さいたま市の陸上自衛隊化学学校も同じことをやっています。そういうことを自衛官として経験していると、化学兵器がどういうものかよくわかる。

江崎　そういう情報や知見、それを実施できる臨床体制を全国の病院の人たちとも共有できる仕組みをつくっていかないと、救える命が救えない。そうしたことを政府からの指示がある前から考える人たちが出てこないと、日本を守ることはできないのです。とくにこの民間防衛については、地方議員こそがこうした問題に取り組むべきで、実際にそういう地方議員が現れてきています。

※16　戦前・戦後を通じて東洋思想の研究と後進の育成に努め、多くの政財官界の首脳に信奉された思想家

自衛隊OB組織の積極活用を

渡部　そういう点では最近随分よくなったと思うことがあります。元自衛官が各地方公共団体に入って、防災や危機管理に関する普及教育や訓練を行うということがかなり広まってきています。

私が声を大にして言いたいのは、民間の防衛組織をつくるために元自衛官が頑張れということです。元自衛官が各地方公共団体に入りながら、防災防衛の普及徹底を図っていく。あるいは地方公共団体に勤めなくても、隊友会などのOB組織があります。それが中心となって民間の防衛組織みたいなものをつくるべきです。私たちもそういう提言をやっていますし、実際に動いています。

例えば3・11の東日本大震災のときでも、隊友会の人たちがボランティアとして活躍しました。自衛官や予備自衛官だけじゃなくて、全国から隊友会のOBが現地へ行って活動している。そういう動きを大切にしたいと思っています。

江崎　あまり知られていないですね。

渡部　さらに全国に自衛隊の組織として地方協力本部があります。私も東京地方協力本部長をやったことがあります。そこでは自衛官の募集や就職援護を実施していますが、自衛隊と地方公共団体や民間組織との交流の窓口としての役割も果たしています。

地方協力本部と連携しながら民間防衛に自衛官OBを使っていくというのは非常にいい話だと

思います。そして地域住民の方々にも一緒に活動のなかに入ってもらう。そういう地道な活動が非常に大切だと思います。

防衛は自衛隊だけではなく社会全体で取り組むものである

江崎　自衛隊と自衛官というのは日本にとって大事な財産なのです。その財産をどう活かすのかという発想とともに、これは何度も言うのですが、防衛というのは自衛隊だけが対応するものだとみんな勘違いしているけれども、決してそうではないということです。

防衛というのは社会のすべてに関わってくる話です。医療から、総務省の電波の問題から、国土交通省の交通関連の問題から、文字通りすべてです。

「防衛は自衛隊だけに任せておけばいい」というような短絡的な議論から、防衛はすべての省庁が関わるものであり、地方自治体もそこに関与しないといけないのだという議論へと、舞台を変えていきたい。

そういう意味でいうと、我が国の戦後の防衛論議が「自衛隊は違憲か合憲か」という憲法論議に注目しすぎているというのは大きな問題だと思います。

渡部　結論の出ない不毛な議論ではなく、前へ進む議論、実際的で建設的な議論が必要です。

江崎　政府も地方自治体も、例えばテロやミサイル攻撃で多数の負傷者が出たときに備えて、大量の医薬品の備蓄などに予算をつけていくことが必要です。加えて、自衛官のＯＢなどを地方自治体の危機管理担当者としてもっと登用すべきです。

アメリカでも、少佐クラス以上の人たちは退役すると地元に帰って、政治家になったりしている。アメリカの場合だと州軍があるので、そちらを率いていかないといけないという事情もあるのだと思います。治安維持も含めて軍のことを理解できる人が政治家にいなければ、州軍や地方自治体をうまく動かせない。

でもそれは日本も同じだと思います。これは経験のない人間にはできない。有事には有事の指揮命令の仕方がある。いざ事が起こったときに素人が「大変だ、大変だ」と言っても、混乱が大きくなるだけですから。

永田町にいると選挙は一大事なわけですが、選挙を仕切ったことのない人があだこうだ言っても現場が混乱するだけです。本人は一生懸命やっているつもりかもしれませんが、選挙に関わる法令やルールを知らずに頑張ってもらっても害にしかならない。選挙資金や人員も法令に基づいて適切に管理しないといけないし、人を動かす中継拠点とか連絡網も全部つくり上げなければ、まともな選挙はできない。防衛も同じだと思います。

渡部　そういう意味での組織づくりというのは自衛隊ＯＢは長《た》けています。

私の同期にも、市議会議員になっている者が何名かいます。そういう存在がすごく大切です。高校時代の同級生が自衛隊を退職後に愛媛・伊予《いよ》市の市議会議員になっていますが、本当にいい活動をやっています。さまざまな役目を担いながら、日本を良くするために一生懸命働いています。そういうケースがどんどん増えたらいいと思います。アメリカにおいては元軍人の議員はいっぱいいますし。

江崎　日本も元自衛官を政治の分野でもっと活用できるようにしたいですね。

渡部　例えば外国の日本に対する工作を考えても、各地域において工作を敏感に理解できる人たちの存在があるというのは大きいのです。工作をする場合、相手はあらゆる分野に入ってきますから。

それこそ市民運動からはじまって、うまく工作をするように彼らは訓練されているし、実際に工作している。それを草の根から解決していくことが必要です。その意味でも、元自衛官を中心とした動きというのはとても大切だと思います。もちろん元警察官にも協力してもらいながらやったらいいと思うのですが。

工作というのは確実にある

渡部　日本に対して工作する者たちのターゲットへの入り方は本当にうまいものです。工作員は弁護士に結構なっていますが、社会的な影響力が大きい。それに新聞社やテレビ局といったマスメディアにもうまく入っています。ほんとにまぁ見事ですよ。日本はズブズブに工作を受けている……そういう危機感をもっと皆さんには持ってほしい。

江崎　そもそも永田町が工作員たちの活動拠点ですからね。

渡部　本当に怖いです。一般の方々にもその怖さというのを理解してもらいたいとつくづく思うのですが、なかなか難しい。

中国による対アメリカ工作は定期的に発覚してニュースになっています。日本ほどズブズブじゃないから、発覚しやすい。中国は、統一戦線工作部を使ってさまざまな工作をアメリカに対して行っています。政治、経済、アカデミア、当然マスメディアに対しても。対するアメリカの場合は工作を監視する組織もしっかりしている。

江崎　日本では総じて中国人と見た目も近いし、そういった面でも発覚しづらい部分はあるでしょう。

渡部　よく言われることですが、日本にスパイ防止法がないというのはやはり大きいです。スパイを取り締まる根拠となる法律自体の価値はもちろんありますが、もうひとつはスパイに対する認識、センスを育ててくれる。

「日本でも工作を行う人間が至るところにいるのですよ」と注意喚起できるだけでも全然違うと思います。工作員というと「まさか小説でもあるまいし」と鼻で笑う人も日本ではいまだに多い状況ですから。

江崎　先日、三浦瑠麗《みうらるり》さんによるスリーパーセル[※17]の指摘が問題になりましたね。

渡部　スリーパーセルや工作員、そして徴兵制の話まで、彼女は度胸よく主張し、啓蒙をやってくれる貴重な存在です。スリーパーセルなんて世界では当たり前の話ですから。

江崎　たしかに。

渡部　左翼連中が寄ってたかって彼女を叩きました。その後に会いましたが、彼女、元気でした。やはり大したものです。論理的に攻めますから。たしか彼女のお父さんは防衛大学校の教授だったんじゃないですかね。

江崎　スパイ防止法の重要性に関しては、僕も繰り返し言っています。戦前でも軍機保護法[※18]といった法律があったわけですから。

工作員への対策と排外主義は違う

江崎　ただしスパイ、工作員対策の取り締まりには、専門的な知見が必要です。例えば、アメリカでは「マッカーシーズムの反省」というのが繰り返し言われています。

日本でもいま漫画――『赤狩り』（山本おさむ著　小学館）――になっていますが、共和党上院議員ジョセフ・マッカーシーが戦後、ハリウッドの映画界も含めて「赤狩り」をやりました。要するに、ソ連・共産主義に好意的な発言をしている人間をソ連のスパイだと決めつけて非難してしまったため、「やりすぎだ」と世論から反発されてしまったことがあります。

※17　通常は対象国で普通の市民生活を営んでいるが、有事や特定の状況が発生した際には破壊工作などの行動を起こす潜伏工作員・協力者のこと

※18　軍事機密を保護する目的で施行された戦前日本の法律。1945年に廃止された

共産党のスパイを分類するのに当時使われていた、ＦＢＩのエドガー・フーバー長官の５類型という考え方があります。①公然の党員、②非公然の党員、③同調者（fellow travelers）、④自分の利益のために共産党と組む人たち（opportunist）、⑤知らず知らずのうちに共産主義や敵のスパイに利用される人たち（デュープス〔dupes〕と呼ばれる）。

何が言いたいかというと、ソ連や共産主義に同調しているからといって、全部が向こうの国のスパイではないということです。とりわけ厄介なのはこのデュープスで、本人たちは利用されているという自覚がまったくない。自覚がない人をスパイと決めつけたところでなんの解決にもならない。

インテリジェンス工作には上記以外にもいろんな分類の仕方がありまして、我々がいまよく使うのは次の３類型です。まずスパイ工作。それからサボタージュ、これは破壊工作ですね。それから影響力工作。

影響力工作というのは、いまの日本でいうと例えば「憲法９条守れ〜！」といった護憲運動への支援などです。それ自体は犯罪でもなんでもないけれど、ある行動に肩入れすることが結果的に工作側に有利な状況をつくる。プロパガンダも含めた宣伝工作です。

インテリジェンス工作に対しては、この３類型と、エドガー・フーバーの５類型も頭に入れながら考えるというのが基本です。この基本を理解しておかないと、戦前の治安維持法や戦後のマッカーシーの赤狩りみたいな、人権侵害へとつながってしまう恐れがあります。

工作員への対処というのは注意して行わないと非常に危険な部分がある。そこはきちんと理解しないといけません。いまネットを見ていると、何かあるとすぐに「あいつは中国のスパイだ」「北朝鮮のスパイだ」とか、「あいつは在日だ」とか言い出す人たちがいる。そういうやり方が健全なインテリジェンス活動を妨げているのだよということを付け加えておきたい。

渡部　おっしゃる通りです。

江崎　要は、スパイ防止法という法律制定の前に、スパイを防止するための学問を日本に取り入れることが重要だと思います。

幸いなことに世界各国では、スパイ防止、カウンター・インテリジェンス研究も学問として行われています。国際政治においてスパイ工作がいかに大きな影響力を持つのかという観点から、スパイ工作について研究する、インテリジェンス・ヒストリーという学問もあります。僕もその学問を紹介しようと、2018年に『日本は誰と戦ったのか――コミンテルンの秘密工作を追及するアメリカ』（ワニブックスPLUS新書）という本を書きました。

渡部　そしてそのためにも一定のルールが必要です。特定の活動が違法となれば、アウトかどうかの線が引けます。その場の主観的な判断でなく、法律で裁くということが必要です。その法律、基準がないのはやはり問題です。

人権侵害を防ぐためにもしっかりとした法律をつくりましょう。そしてそれに違反する人たちをルールに基づいて取り締まりましょうということです。

ハイブリッド戦の一環としての情報戦

渡部　工作について私がなぜ強調するかというと、ハイブリッド戦の重要性からです。非軍事的作戦と軍事的作戦を合わせたものをハイブリッド戦といいます。ひと口に国家間の争いといっても、戦い方はどんどん変わってきています。いま、ハイブリッド戦の一部としての、平時における非軍事活動の重要性がすごくクローズアップされています。

ロシアがウクライナを攻めたとき、ハイブリッド戦を実際にやりました。クリミア侵攻に合わせてロシアがやったことを米軍も調査したのです。そして日本が中国を念頭に日ごろ言っている「グレーゾーン事態」というものを彼らははたと理解した。正規軍の軍事衝突こそ起こっていないが、通常の方法では対応できない事態というものがある。実際にロシアがそれをやっているし、統一戦線工作部の工作ということで中国も仕掛けてきている。

江崎　そしてこのハイブリッド戦の対象となっているのが、台湾だと言われていますね。

渡部　ご指摘の通り、台湾はハイブリッド戦の主たるターゲットになっていますが、日本もターゲットです。また、ハイブリッド戦の実態がわかるにつれて、「ああ、これは安全保障においてじつはいちばん大切な分野だ」ということをアメリカも認識しはじめたのです。

いまトランプ政権は中国に対して非常に厳しい態度をとっています。ファーウェイといった通信機器企業や孔子学院[※19]などを追い出しにかかったし、パンダ・ハガーが多かった大学からも彼らをどんどん追い出している。

つまり、中国の非軍事的な工作に対するアメリカの認識が深まってきたということです。これも私が発信していきたいと思っている分野です。

面白いのは、中国の統一戦線工作部はコミンテルン[20]から多くを学びました。つまり中国は基本的にソ連から学んでいる。しかしこのハイブリッド戦に関しては、実はロシアが中国の「超限戦」から学んでいる。

1999年に、戦争に勝つためには軍事／非軍事問わずあらゆる手段を使う「超限戦」という概念が中国から出てきました。そして2013年にロシアのゲラシモフ参謀総長がアラブの春[21]を取り上げて、「『戦争ではないから我々軍人には関係ない』という認識には大きな誤りがあった。21世紀の典型的な戦争と考えるべきである」と言った。さらに「旧来の軍事兵器よりも非軍事兵器による攻撃のほうが効果的だ。非軍事兵器と軍事兵器の比重は4：1である」と発言しました。

江崎　通信技術はいまや、非軍事「兵器」と見なされています。何度も言いますが、通信技術は

※19　中国が海外の大学などの教育機関と連携し、中国語や中国文化の教育を行うのみならず中国当局のプロパガンダを宣伝する工作機関
※20　ソ連が主導し、1919年から1943年まで存在した国際共産主義運動の指導組織
※21　2010年12月に始まったチュニジアのジャスミン革命から波及し、2012年までアラブ世界において発生した大規模反政府デモなどの騒乱のこと

兵器なのです。この点を理解しないと、なぜトランプ政権が中国のファーウェイをアメリカから排除しようとしているのかはわかりません。

渡部　ロシアはクリミア侵攻に際してこの発想から計画を立て、2016年のアメリカ大統領選挙でも情報工作として実施しました。ロシアは2010年に軍事ドクトリンを改訂していて、「軍事力および政治的、経済的情報そのほかの非軍事的性格の手段の複合的な使用」を打ち出しています。

中国にとってはロシアがずっと先生だったわけですが、近年ではロシアが中国を参考にするケースが出てきた。この2方向が混じりながら、自分たちの作戦というのを高めていっているのです。

選挙への介入が現に成功している

渡部　だから断言しておきます。2016年アメリカ大統領選挙におけるロシアの「影響作戦(Influence Operation)」というのは、非軍事作戦の典型例です。モラー特別検察官の報告書では、最も注目されていたロシアとトランプ陣営の間における共謀はなかったとする結論が出ました。一方で、ロシアが大統領選挙で偽の情報を流す等の工作を行った事実を報告書は認めています。この点は非常に重要です。

2020年のアメリカ大統領選挙でも必ず影響作戦などの非軍事作戦は行われます。2018

年の台湾での統一地方選挙でもやられましたし、日本の選挙でもこの種のことは行われていると覚悟しておいたほうがいい。普段民主主義の大切さを熱心に主張している方々には、ここをこそ見ていただきたい。ロシアや中国などの専制主義国家による、民主主義を歪《ゆが》めようという挑戦でもあるわけですから。

このようにハイブリッド戦がいまキーワードになっていて、平時からの情報戦によって他国に影響を与える非軍事作戦がこれまで以上に重視されるようになってきています。これは江崎さんが言われているようにインテリジェンスの世界です。

影響作戦の恐ろしさ

渡部 先ほどから申し上げている通り、非軍事的な作戦のなかで重要なのが情報戦（Information Operation）です。中国人民解放軍がよく使う「情報戦」という言葉が最も大きなくくりになるのですが、アメリカにおいては２０１６年の大統領選挙におけるロシアの作戦は「影響作戦（Influence Operation）」という言葉で表現されます。影響作戦も情報戦の一部であるという捉え方で、大統領選挙に影響を与えた作戦ということです。

具体的にはあらゆるルートを使ってフェイクニュースを流す。既存メディア、さらにはツイッターやフェイスブック、ユーチューブあたりも使う。あるいは普段から接触を保っていた影響力の大きな著名人をこのときだけ、例えば特定陣営の宣伝になるような形で動かしたりする。先ほど江崎さんがデュープスを紹介されましたが、本人も利用されていることにさえ気づいていない場合があるので厄介です。

動画はものすごく効果的です。例えば2016年の選挙時にもユーチューブを使ったイメージ操作が行われました。ヒラリー・クリントンのイメージを落とすために、ヒラリーが健康上いかに問題を抱えているかという印象操作を仕掛けた。ヒラリーは実際には人工肛門で、それを彼女が隠しているというのを動画で流していくわけです。あるいはヒラリーには必ず2台の車がついていて、2台目の車にはヒラリーがいつ倒れてもいいように医療施設を置いているという内容の動画を流す。

これは全部嘘《うそ》、フェイクなんです。彼女の健康問題に関する不安を煽る。あるいはヒラリーが側近女性とレズビアンの関係にあるとか、そういうさまざまな情報を流していくわけです。

詐欺《さぎ》でもなぜこんなのにひっかかるんだと思うものが、びっくりするような被害額が出ていたりします。多数に情報操作を仕掛けると、それに引っ張られる人が一定数出てくる。信じていなくても繰り返しそういう情報に接していると、なんとなくイメージが悪くなる。それで十分に成功です。

江崎　アメリカ大統領選挙中、このクリントン候補の動画は、凄まじい勢いで拡散されていましたからね。

ヒラリー対トランプの勝敗を分けたもの

渡部　ちなみにロシアのプーチン側からすると、自分の大統領選挙のときに当選阻止工作をヒラリーが指揮したと思っていますから、プーチンはヒラリーを絶対に許せない。

江崎　それはヒラリーが国務長官時代にロシアに対して工作を仕掛けたということでしょうか。

渡部　そうです。それに加えて、トランプとヒラリーを並べたら、やはりプーチンはトランプならなんとかなると思った。しかしヒラリーは手強いと判断したのです。

トランプとヒラリーの討論会を見ましたが、論理的には明らかにヒラリーが勝っている。しかしトランプのほうは単純に面白い。そしてトランプに対する期待感はもともと低いから、討論が終わったら「おお、トランプ頑張ったな」みたいな雰囲気になってしまう。

江崎　思ったよりうまくやったなみたいな印象を持つ。

渡部　本当にそんな感じです。

江崎　政治家の場合は議論の内容の優劣だけではないのです。印象とか、それまで培ったイメージが重要になってくる。ヒラリーに対してはそれこそネガティヴなイメージが強かった。「ヒラリーは言っていることは立派だけど、所詮は自分のことしか考えてないやつだ」のような印象が拭えなかった。こうなると、ヒラリーがどんなにきちんとしたことを言っても、効果がなくなってくるのです。

渡部　しゃべったことを文章に起こしたら、絶対にヒラリーのほうが素晴らしい。

江崎　理路整然と言っている。

渡部　ところが、イメージが人間の判断に与える影響というのはものすごく大きい。そして高飛車にバシバシと正論を言われると皆反発してしまう。

江崎　なんかいけ好かないおばちゃんって感じですから。

渡部　最後のほうでは本来の支持基盤だった白人女性でも「ヒラリー、もういいや」という感想が結構多かった。やはり上から目線というのを感じるみたいです。

江崎　でも、ある程度高飛車で上から目線でないと、大統領など務まらないと思いますけど、そんなことはないのですか。

渡部　それは難しいところですが、ヒラリーが長年つくりあげてきたイメージがあって、それがネガティヴに働いたように思います。そこにうまいことロシアが乗って、情報戦を仕掛けた。ウィキリークスとか、暴露された情報はやはり民主党にとっては大きなダメージでした。

江崎　そういう意味で、ヒラリーの私用メール事件はどう考えてもまずかった。２０１６年のアメリカ大統領選挙中のことですが、オバマ政権の国務長官時代の4年間、ヒラリーはハッキングされやすい私用メール・アドレスを6万通以上使い、国家安全保障に関わる機密を漏洩《ろうえい》させた疑いが持たれ、アメリカ連邦捜査局（ＦＢＩ）による取り調べも受けました。

しかし、ＦＢＩのジェームズ・コミー長官（当時）は同年7月5日、このメール事件に関する捜査報告をまとめ、ヒラリー・クリントン国務長官（当時）が最高機密に関する情報も私用メールで送受信していたことを認めつつも、司法省に同氏を刑事訴追する勧告は行わないと発表しました。

この発表直後、トランプ候補は「この国のシステムはいかさまだ」とツイートし、「クルックド・ヒラリー（悪徳ヒラリー）は国家機密を漏らしたとFBI長官がはっきり認めたのに、お咎《とが》めなしとは、あきれたもんだ！」と批判した。

そしてこの機密漏洩「疑惑」と、ヒラリーが主宰するクリントン財団への寄付とが連動しつつありました。AP通信は、国務長官就任以来2年間のヒラリーの公式日程を分析し、彼女が面会したアメリカや外国の政府関係者を除く民間人の半数以上がクリントン財団か、財団の国際プログラムに寄付をしていたと結論付けました。じつに85人の寄付者が総額1億5600万ドルを寄付しているのです。

このほかにも、ヒラリーは財団に総額1億7000万ドルを寄付した少なくとも16か国の外国政府代表者とも会談していました。多額の賄賂の見返りとして外国に国家機密を漏洩させた疑惑を持たれたことは、ヒラリーは大統領にはふさわしくないとの印象を決定づけることになりました。

渡部　発覚のタイミングも含めて最悪でしたね。いまでも思い出すのは、FBI長官が議会にヒラリーのメール問題に関して再調査すると言ったとき、大統領選挙まで2週間ちょっとだった。

それまで支持率調査をすればヒラリーはトランプより10％以上高かった。ところがそれでガーンと下がり、差は数％まで縮まった。メール問題は最後まで尾を引きました。

江崎　しかしあれは弁明のしようがない。

渡部　脇が甘いと言う人もいますが、サイバー問題が重要だとは思っていなかったのです。「専門家が言うのだから、家に自分のプライベートなサーバーを持っていたほうが便利だわ」みたいな感覚だったと思います。しかしこのご時世にサイバー問題を軽く考えていたのは致命的でした。

日本のインテリジェンスの流れはどこで切れたか

渡部　私は複数の著書で中国人民解放軍の戦略支援部隊[※22]の重要性を謳《うた》いましたが、まさに情報戦を担当するのがこの戦略支援部隊です。情報戦は、情報に関するあらゆる作戦を指しますので、謀略戦も含みます。戦いの変化というものを深く認識して、それに対処しないと自衛隊もダメだということを声を大にして言いたいと思います。しかし情報戦に対する研究は自衛隊でも緒についたばかりです。

終戦以前には日本にもインテリジェンスのノウハウがありましたが、現在と終戦以前との間に断絶があります。国防に関しては終戦以前のあらゆるものがタブー視されていますから。

江崎　昭和30年代に藤原岩市将軍[※23]（ふじわらいわいち）が、陸上自衛隊の情報部隊の再建で動いていました。戦前との断絶が本当に決定的になったのは後藤田正晴官房長官の時代、つまり昭和50年代からという意見を聞いたことがあります。

それまでは、旧陸軍中野学校[※24]やF機関も含めた記録もきちんと残っていた。岸信介総理のもとで対アジア情報工作を担当していた方から聞いた話ですと、ヴェトナム戦争において当時のヴェトコンや反共ヴェトナム軍についていちばんよく理解していたのは旧日本軍だったようです。

渡部 先の大戦のときの知識や経験がまだ生きていた。

江崎 先の大戦のときにしっかり調べているので、ヴェトナムに関する旧日本軍の情報がいちばん詳しかった。アメリカはヴェトナムやタイ国境の少数民族部隊のことなど全然知らない。ヴェトナム戦争当時、旧日本軍時代の情報をずいぶんアメリカに提供している。そのおかげもあって沖縄返還が進んだところもあると聞いたことがあります。

自衛隊も発足当初は旧軍の人もそれなりに入っていますので、表立っては言わないけれども、実際には情報戦をやっていた。それが昭和50年ぐらいから本当に日本全体が左傾化してしまいました。保革伯仲など、あの時代からガラッと変わってしまった。だけど、いまは逆に渡部さんも

※22 習近平主席の人民解放軍改革で新編された注目すべき部隊で、現代戦(サイバー戦、電子戦、情報戦、宇宙戦)を支援するきわめて重要な部隊

※23 大日本帝国陸軍の情報将校で、インドの対英独立工作などに関与した「F機関」を率いた人物。戦後は公職追放を経て陸上自衛官となった

※24 諜報や謀略といった情報戦・インテリジェンスの専門家を育成するために設置された陸軍学校

含めて新しい方々が出てこられて、見直しがはじまっている状況がある。

渡部　アメリカに留学してビックリしたのは、図書館へ行ったらCIAとかFBIとか、諜報機関に関する本がものすごく充実していることです。アメリカ人が情報の世界をいかに好きか、如実にわかるのです。日常的に情報戦が展開されているというのは一般人からしても常識です。日本でも情報に関する認識を一般の方にももっと持っていただきたいと思います。

江崎　もちろん一般の人の理解も大事ですが、まずは政治の側の理解を深めていきたいものです。

外務省で鍛えたインテリジェンス能力

渡部　ここでインテリジェンスの重要性をもう一度確認したいと思います。インテリジェンスがとくに日本にとっていかに重要であるか。私も強調していますし、江崎さんもずっと強調されています。

じつは私は自衛隊でインテリジェンスをやってきた人間です。外務省の北米局安全保障課で2年間勤務しました。その後、陸上幕僚監部での最初のポストが、陸上幕僚監部調査部だった。

外務省では、アメリカ国防総省が出してくるドキュメント、あるいはアメリカの議員たちが議員立法として出してくるものを全部掌握して、要約する仕事をやっていました。

江崎　いまでこそインターネットの発達によって、アメリカの国防総省が出す文書や議員立法なども簡単に入手できますが、20世紀の間はそんなことはなかったわけで、じつに重要な仕事だったと思います。逆にいまはインターネットで簡単に手に入るため、アメリカの国防政策に関わる文書などを意外に精査しなくなってしまっている印象があります。

渡部　また陸上幕僚監部では、国内外情勢を分析し、それが我が国の防衛力整備にいかなる影響を及ぼすかという分析をしていました。そういう意味では、国内外情勢を総合的に分析する癖がずっと私のなかにあります。

それまでの陸上幕僚監部のインテリジェンス分析の仕方は軍事に特化した分析が主体でした。それに対して、私は軍事は当然重要ですが、安全保障を考えた場合には外交もあるし、経済もあるし、科学技術もあるし、さまざまな要素を総合的に評価しなければいけないと考えました。それらをまとめあげるという視点で仕事をやりました。

そういった見方、考え方がどこで身についたかというと、やはり外務省です。外務省を批判する方は多いと思いますが、私は30代前半のとき外務省に出向して、非常に鍛えられました。毎日、世界中から届く膨大な電報を読む。そのなかで電報を速く読む力がつきますし、電報の持つ情報の本質を見抜くセンスがついてくる。そういう訓練を2年間させてもらったことに感謝しています。経済も外交も極秘情報までみんな読めるのです。本当にいい訓練になりました。

江崎　軍事だけでなく、外交、経済、金融、インテリジェンスを総合的に見ていくという視点は本当に重要です。

渡部　よく情報の見方はどうすればいいのかと聞かれますが、結局それは情報を見る人の総合的な力にかかっていると思います。情報の見方にも勘所がないわけではないですが、まずその人の頭のなかにすぐにアクセスできる膨大な知識がないと話にならない。

だから私がひとりの情報マンとして電報を読んだときに、私の持っているありとあらゆる知識が問われてしまいます。そして知識だけでなく、識能といいますが、知識の能力化が大切です。知識はあるのだけれど能力がない人はたくさんいます。

外務省の役人は個人プレーだと言われますが、それはたしかに正しい。情報をいかに入手し、いかに分析し、それを外交にどう活かすかというのは、その人の総合的な能力にかかっているわけです。なかなか一般化できるものではない。それを2年間一緒に経験させてもらったのは本当に勉強になりました。

知識、見識、胆識

渡部　先に少し触れた、知識の能力化について言いたいことがあります。知識、見識、胆識についてです。まず大切なのは当然知識で、ありとあらゆる知識を頭のなかに入れ込むということが必要です。例えば軍事の知識も必要だし、歴史の知識は必要だし、経済、科学技術等の知識も必要。しかしそれを入れたあと、知識が見識にならないとダメです。単なる知識の羅列ではなくて、その知識を通じて「物事の本質」を理解していかないといけない。

「物事の本質」に道をつくってくれる好きな言葉がいくつかあるのですが、例えば「権力は腐敗する。絶対的権力は絶対的に腐敗する」です。イギリスのジョン・アクトンという歴史学者の言葉です。この言葉をジョン・アクトンが使いますと、全世界で多くの人たちが多用するようになりましたが、元は彼の見識を煮詰めたものなのです。

この言葉を応用していけば、絶対的権力へとつながる共産主義はダメだ、あるいは左右どちらでも全体主義はダメだという結論へと辿りつくことができる。これは私の信念でもあります。

多くの日本人は、江崎さんの諸著作を通じてコミンテルン、とくにソ連の危険性を理解したと思いますが、コミンテルンの工作の仕方を徹底的に学んだのは毛沢東であり、中国です。そしていま、その中国の統一戦線工作部が国内外で工作をやっている。ずっとつながっています。

そもそもどうして私が中国を研究する必要性を感じたかというと、きっかけは「権力は腐敗する。絶対的権力は絶対的に腐敗する」という信念からです。ソ連は実際に腐敗した。中国もやはり腐敗するだろうと。圧倒的権力を握った指導者が国家を絶対的に統制したら、必ず大きな脅威になる。それが冷戦時代はソ連だったし、いまは中国だというところに結びつくのです。

そしてもうひとつ。ヘンリー・ジョン・テンプルという人がいます。イギリスの有名な学者、あるいは政治家ですが、この人の言葉に「イギリスには永遠の同盟もなければ、永遠の敵もない。あるのは永遠の国益のみだ」というのがあります。私はこの言葉も大好きで、真理を突いていると思う。

江崎　「イギリスには永遠の同盟もなければ、永遠の敵もない。あるのは永遠の国益のみだ」という言葉は、是非とも覚えておきたいものです。

渡部　いま日本が未来に向かって進むときに、同盟国アメリカはもちろん非常に重視されている。しかし地球儀全体を俯瞰《ふかん》する外交ということで考えてみると、例えば同盟国ではないけれども中国とは、ロシアとは何だろうかということを追究する必要がある。

アメリカにしてもずっと同盟国であったわけではない。先の大戦においては敵同士で殺しあった。しかしいま、日本にとって最大の同盟国になった。このような変化と照らし合わせると、先ほど挙げたテンプルの言葉は重い意味を持っています。

そういう意味で、いまの中国をどう見るのか。敵として見るか、あるいは将来的なとくに経済的利益を提供してくれる重要な友好国として見るか。経団連（日本経済団体連合会）から見れば中国は絶対敵に回してはいけないということになるのもわかりますが、それで大丈夫かという考え方もある。

知識、見識、胆識に話を戻すと、最後の胆識とは実際の行動に至るものです。知識を見識に高め、ある程度見識を持っていても、実行しない日本人が多い。それは見識が胆識にまで至っていないからです。

私自身の言い方をすれば、それはミッション、ヴィジョン、パッション、アクションです。パッションを持っていても、アクションを起こさないと意味がない。胆識を持たないとダメなのです。自衛隊を辞めて私がいろいろな活動をやっているのも、私自身が得た知識を見識として高めながら行動を起こして、日本にとっていいことをやりたいという思いがあるからです。

それぞれが生きて死ぬまでにやらねばならないことがある。私自身のミッションは何か。リーダーシップ論のなかでは最初にミッションが必要となるのです。

そして人生のなかでやらなければならないミッションを自覚したならば、それを実行に移すためのヴィジョンが必要になります。自分のミッションを達成するためにはどういうヴィジョンを持つ必要があるか。自分自身のなかでそれを論理的に構成していくことが大事です。

そしてその次はパッションです。情熱を持ってそのヴィジョンを実現する。

最後にくるのが実際の行動、アクションとなります。

ミッション、ヴィジョン、パッション、アクションという、語呂合わせのいいこれらの言葉が私のリーダーシップ論の根幹を成しています。私が人を見るときにも、この視点に立ちます。

偏狭史観からの脱却を

渡部　私もそうですが、自衛官という人種は現在と未来に目がいきがちです。ところが江崎さんは、過去・歴史のことを重視されている。私に欠けているのは歴史です。陸上自衛隊を選んだ者として『失敗の本質』(戸部良一、寺本義也他著　中公文庫）くらいは読んでいます。でも、どうしても現在や未来を重視したいという思いが強い。
しかしながら「やはり過去が欠けているとダメだな」と、アメリカに行って強く思いました。

歴史を学ぶことは絶対的に重要だと。

江崎　『失敗の本質』は僕も拝読して、素晴らしい本だと思います。ただ先輩方に対してこういうことを言うのは申し訳ないのですが、視野が狭いのではないでしょうか。自分の国の問題点だけあげつらっているだけですから。国際政治は相手の国との関係のなかで動くのであって、相手の動きを無視したまま、自分の国のこういうところが問題だったとか、省庁のこういうところが問題で、軍はこういうところが問題だったと言っても、あまり意味があるとは思えない。

渡部　『フリーダム』でもその点を指摘されていますね。自分の国だけの狭い歴史の研究だけではなく、他国との関係のなかにおける歴史を書かなければいけない、知らなければいけないと。

江崎　いまは「偏狭史観からインターナショナル・ヒストリーへ、さらにインターナショナル・ヒストリーからインテリジェント・ヒストリーへ」と言っています。世界的な視野で日本を考えて、国際関係のなかで日本を考えていく。同時にやはりインテリジェンスの重視が大事です。

我々が基準にすべきは日本の立場しかない

江崎　例えば中国についても、2018年のハドソン研究所[※25]でのペンス副大統領の演説を見るとよくわかります。「中国は敵だ」と言っているのですが、その中国とは何かというと、中国共産党の独裁政権のことです。中国人民を敵にしているわけではない。また、共産党のなかでも改革開放を志向した鄧小平みたいな時期もあったのだから、そこは敵ではない。そういうかたちで、中国というものをきちんと分けている。人民と独裁者とを明確に分けて議論をする。一枚岩ではなくものを見るということです。保守派のなかには、「アメリカはペリー来航以来一貫して日本の敵であった」と言う人がいます。あるいは戦前の対日オレンジ計画[※26]あたりを持ち出しながら、「アメリカは日本を潰すべきという態度でずっとやってきた」というようなことを言う。それは、アメリカの民主党と共和党、リアリズム派とリベラリズム派の区別を無視した議論で、あまりにも乱暴です。

外国から日本を見た場合を考えてみるとわかりやすいと思いますが、鳩山由紀夫元総理と安倍晋三総理と社民党の福島瑞穂先生を「同じ日本の政治家だ」として同列に論じることは無意味です。

地政学的には、日本とアメリカが対立する側面はあると思います。それは理解します。一方で、日露戦争も第1次世界大戦のときも、アメリカとは連携していたわけですから。そのあたりの歴史的な経緯をきちんと踏まえたうえで日米の議論をしていかないといけない。

渡部　私が言いたいのは、最終的に基準になるのは国益ということです。日本の国益を中心として他国との関係を考えるということを基本にしなければいけない。だからアメリカも永遠の敵で

※25　ハーマン・カーンが創立したアメリカのシンクタンク。国防や外交、経済をはじめさまざまな分野を研究しているが、保守色が強いとされる。所在はワシントン・D.C.

※26　第1次世界大戦後の戦間期につくられた、日本との戦争を想定したアメリカの戦争計画

はないし、逆に永遠の味方だと考えるのも危うい。あるときは同盟国であるし、あるときは敵になるかもわからない。

そういう認識は、中国に対しても同じだと思います。ただ中国やソ連に対して言えるのは、やはり絶対的権力はダメだということです。独裁は絶対的に腐敗をして、その国の国民は不幸になる。そして周りの国々にもものすごく悪い影響を与える。

とくにソ連の時代にはコミンテルンが活動し、いまでは中国の統一戦線工作部が工作をやっている。そして他国にまで悪い影響を与えようというのは、これはやはりまずいと思います。

トランプのインテリジェンス・コミュニティ無視は危うい

渡部 インテリジェンスに関してアメリカはやはりすごい。トランプ大統領に対して言いたいのですが、アメリカの16あるインテリジェンス・コミュニティを無視するというのは絶対にやめたほうがいい。

「俺は16のインテリジェンス・コミュニティの分析よりもプーチンの言うことを信じる」[※27]とトランプが発言して問題になりました。彼は、さすがにそれはないでしょうということを平気で言いますから。北朝鮮や中国、ロシアの問題に関して国家情報長官が説明したときに「俺は信じない」。これはまずい。

江崎 このインテリジェンス機関と政府との関係もじつに重要です。

ヴェノナ計画[※28]（Venona Operation）の問題に譬《たと》えて言うと、ヴェノナ計画というのは、情報部の忠誠の問題という読み方もできるわけです。第2次世界大戦中、アメリカの陸軍情報部はソ連の動きを非常に警戒していた。ソ連がドイツと勝手に組むのではないか、そうするとヨーロッパ戦線が全然違った状況になってしまう。ルーズベルト政権時代からソ連への傾斜がはじまっていたので、それに対する疑念もあった。そのなかで、ソ連による対米工作に関する情報収集をはじめた。

それがルーズベルト大統領に伝わって、ルーズベルトから「やめろ」と言われるわけです。そこで表向きには「わかりました」と言いながら、その後もアメリカ陸軍情報部はヴェノナ計画を続行します。つまりはアメリカ大統領、最高司令官の命令を無視している。完全な命令違反です。しかしその命令違反のオペレーション作戦を1995年に公開したとき、アメリカ連邦議会も政府も、これは大きな成果であると評価した。

これが何を意味するかというと、ときの権力者よりも国益を優先させることが軍には許される

※27　2018年7月16日、ヘルシンキで行われた米ロ首脳会談後の共同記者会見で、2016年の米大統領選にロシアが介入したと結論付けた自国の情報機関よりもプーチンを信頼するような発言をしたトランプに、米議員から厳しい非難の声が上がった

※28　第2次世界大戦中から1980年まで実施された、ソ連の工作に対するカウンター・インテリジェンス計画。機密情報とされていたが、冷戦終了後に順次公開された。本計画でソ連の通信暗号を解読した結果、アメリカ政府中枢にも多数のソ連工作員がいたことなどが判明していた

ということです。あくまで「軍には」です。軍の最終的な忠誠心、ロイヤリティの対象はどこなのかという問題がある。その際にときの権力者以上の価値、つまり国であるという考え方もある。アメリカの軍人たちとヴェノナ計画の話をすると、「最終的な忠誠の対象がどこにあるのか、そこがいちばん大事な問題だろう。そのときの権力者の指示には従うけど、それだけでいいのか」と言います。

それはいまの韓国の文在寅政権に対する韓国軍のあり方でも同じです。警察や治安機関は行政なので、ときの権力者に従う。しかし、軍やインテリジェンス・コミュニティはそれでいいのかという話です。

アメリカの軍人たちが言うのは、上が敵に抱き込まれたらどんなにいい情報を持ってきても負けるということです。だからホワイトハウスを敵にどう乗っ取られないようにするかが、情報分析と同じぐらい大事なのです。

ですから先ほど渡部さんがおっしゃった、トランプが「自国のインテリジェンス・コミュニティの情報よりもプーチンが大事だ」と言ってしまうことは致命的です。それを表で言ってしまうのは本当にあり得ない。「俺はインテリジェンスを含めた基本的なことを何も理解していない」と言っているに等しい。本来は国家のリーダーとしては一発で「You are fired（クビ）」です。「トランプだから仕方ないよね」とみんな笑っていますけど、笑いごとじゃない。きちんとした情報の世界の人間は、トランプの下でものすごく苦しんでいます。

渡部　同意します。マティス国防長官が辞めて、長きにわたり次の国防長官が決まりませんでした。なり手がいなかったのです。トランプ大統領は当初、シャナハン国防長官代行を国防長官に指名しましたが、最終的に本人が辞退しました。そこで2019年6月21日にマーク・エスパー陸軍長官が国防長官に指名されました。あれだけ人気のあったマティス国防長官の後任になれるかと自問すると、誰でも尻込みします。さらにトランプ大統領のもとでこのポストに就いたらどんなに苦労するかもわかっています。

シンクタンクの連中も同じです。国防総省あるいは国務省で働きたい連中はたくさんいますが、いまは苦労するのが目に見えているから手を挙げられない。いま、アメリカのインテリジェンス界隈は難しい状況になっています。

トランプ外交の不安材料

江崎　これまでマティス国防長官たちが敷いてきた路線は、アメリカの国防力と同盟関係を強化しながら、バランス・オブ・パワーを再構築していくというもので、それなりにきちんとしていた。

しかし、いままでの流れはどこかで切れます。切れたときに悲惨な状況になるのではないかということはみんな心配しています。何しろ「自国のインテリジェンス・コミュニティの情報よりもプーチンの言っていることを信じる」と言ってしまう人がトップなので。繰り返しますが、失言というレベルではないですから。

渡部　ホワイトハウスのなかの人たちも含めて多くの人たちが心配しているのは、トップ会談の下調整が飛ばされる流れができつつあることです。例えば米朝首脳会談をビーガン（北朝鮮政策特別代表）が調整しようとしても、北朝鮮側から「首脳会談でやるからいらない」と言われるらしいです。それを言われたら現場としてはどうしようもない。

米朝ほどじゃないですけれども、米中の首脳会談も似たような状況になりつつあるらしい。そうすると本当に何が起こるかわからない。普通はそういう状況になると首脳同士は会わないのですが、個人のケミストリーが合うとトランプは下が止めても会ってしまいますから。

北朝鮮問題とトランプ

江崎　そこに関して言うと、僕は会うことに価値があると思っています。ただしこれは「顔を合わせることがお互いを理解する第1歩だ」という意味ではありません。

おそらく渡部さんもお会いになったことがあると思いますが、１９９４年の北朝鮮核危機のときに北朝鮮の空爆オペレーションを立案した人間がいます。その人とアメリカで会ったときに、彼が一生懸命言っていたのは、とにかく北朝鮮という国は約束を守る気はないということです。

ですから米朝でトップ会談をして、それはそれでいいのだけれど、とにかく北朝鮮を追い詰めるためにはバックの北京をどう押さえ込むかだと。中国を抑えこむことと軍事力で北朝鮮を空爆できるだけの体制を整えること。このふたつが大事であって、その時間稼ぎのためにはトランプが会おうが何しようが関係ない。何も決めなければいいと。とにかく北朝鮮が変な方向に暴発しないようにしておく必要があると言うのです。

米軍が朝鮮半島と台湾の2か所で同時に対応できる態勢を構築する前に朝鮮半島で軍事紛争が起こると、中国が隙をついて台湾に対してハイブリッド戦を仕掛けてくる恐れがあるからです。現に中国人民解放軍は、ハイブリッド戦のための潜入工作員部隊を浙江《せっこう》省に創設し、台湾侵攻の訓練を繰り返しています。

渡部　２０１８年6月12日に米朝首脳が会わなかったとしても、金正恩は核実験もミサイルの発射もできなかったと私は思います。しかしトランプはそれを「俺が会ったから核実験もやらないし弾道ミサイルの発射もないだろう」と言う。

核実験や弾道ミサイルの発射がなかったのは事実だけれども、しかし米朝首脳会談をしなくても北朝鮮に金はないし、核実験や弾道ミサイルの発射を続けることはできない。首脳会談をしなくても、国連の経済制裁で徹底的に締めつけてしまえばよかったというのが私の結論です。あそこで会ったために中国が国境沿いで制裁破りをガンガンやっているし、韓国も制裁破りをやっているでしょう。ロシアもやっている。

本当は制裁がいちばん効いていたのだけれども、米朝会談を行ったために結果として制裁破りに口実を与えてしまった、緩めてしまった。私としてはこれが耐えられません。

在韓米軍撤退の日本への影響

渡部　そしてトランプは在韓米軍の縮小撤退までほのめかしました。日本にとっても在韓米軍の撤退というのは大きなことです。

というのも、まず在韓邦人の救出作戦には在韓米軍が絶対に必要です。なぜなら、在韓米軍がいないなか自衛隊が単独で救出に行くと、韓国は協力を拒否するだろうからです。米軍がいるから自衛隊も一緒に行って日本人を救出することができる。

韓国は自衛隊の艦船とか大型輸送機など絶対受け入れません。そうすると自衛隊には何も手立てがない。それだけ見ても日本にとって在韓米軍は重要です。そしてもうひとつはディフェンスラインが日本に近づいてくる。

江崎　防衛ラインは対馬《つしま》まで下がって来てしまいます。

渡部　アメリカにしても、在韓米人を避難させないといけない。そういう一つひとつを冷静に判断してくれるスタッフが必要だと思うのですが、それができる人をトランプはバンバン切っています。

マティスを辞めさせたのはやりすぎです。いまはビジネスマン出身のシャナハンが国防長官に指名されましたが、軍人でなければわからないこともたくさんあります。

ただシャナハンがいいのは、中国のことを徹底的に批判するところです。アメリカ国内ではロシアが脅威だと言う連中と、中国が脅威だと言う連中と、両方脅威だと言う連中がいる。そのなかでシャナハンは中国がいまいちばん問題だと見ている。これは正しい認識だと私は思います。

ちなみにこのまえ米陸軍大学の教授と話をしたのですが、「シャナハンは中国のことしか言わない」と嘆いていました。アーミーはロシアを敵にするのが好きなので（笑）。

江崎　アメリカのインド太平洋軍のなかでも、海兵隊と海軍は中国の脅威に敏感ですが、陸軍は必ずしもそうではないと聞いています。海と空が主戦場になると、アーミー、つまり陸軍の出番はないですから。

渡部　さすがに米陸軍が中国本土に侵攻することは考えづらいですからね。

厳しいことも言いましたけど、こと対中国政策に関して、トランプは正しいと私は思っています。それと公約実現率も高い。決めるところでは決めているという点で評価する人もいます。あるいはアメリカ人でも考えられないくらい抜本的な変革を行うところとか、相手が誰だろうが衝突を恐れずに政策を断行するところとか、日本が苦手な分野の能力を兼ね備えている大統領だという見方もできますしね。

それに日本の保守陣営の人にはトランプ大好き人間が多い。とくにトランプの移民に対する厳しい態度を高く評価する人が多いです。このあたりのメンタリティが保守系の人と合っている。どこを取り上げるかによってこれほど評価が分かれる人も珍しいと思います。

第6章 ― 日本は、どうすべきか

「なぜ世界のなかで競争する必要があるのか」という質問にどう答える

江崎　ひとつ根本的な話を伺ってもいいでしょうか。なぜ日本が世界のなかで競争する必要があるのか。平和に暮らしていければそれでいいじゃないか。そういう意見に対してはどう思われますか。

渡部　例えば、左派の人たちは憲法改正に反対します。しかし、現行憲法の前文を見てください。「日本は国際社会において名誉ある地位を占めたい」と言っている。あなた方の大切にしている憲法の精神ですよ。該当部分を引用してみましょう。

〈日本国民は、恒久の平和を念願し、人間相互の関係を支配する崇高な理想を深く自覚するのであつて、平和を愛する諸国民の公正と信義に信頼して、われらの安全と生存を保持しようと決意した。われらは、平和を維持し、専制と隷従、圧迫と偏狭を地上から永遠に除去しようと努めてゐる国際社会において、名誉ある地位を占めたいと思ふ。われらは、全世界の国民が、ひとしく恐怖と欠乏から免かれ、平和のうちに生存する権利を有することを確認する。

われらは、いづれの国家も、自国のことのみに専念して他国を無視してはならないのであつて、政治道徳の法則は、普遍的なものであり、この法則に従ふことは、自国の主権を維持し、他国と対等関係に立たうとする各国の責務であると信ずる。

日本国民は、国家の名誉にかけ、全力をあげてこの崇高な理想と目的を達成することを誓ふ。〉

この前文、美しくはありますが、しかし実際問題として残念ながらこうなってはいません。本当にあらゆる国が「圧迫と偏狭を地上から永遠に除去しようと努めてゐる」と思いますか。「いづれの国家も、自国のことのみに専念して他国を無視してはならない」状況にありますか。どう考えても違う。

そんな世界で「名誉ある地位を占めたいと思ふ」のであれば、国際的な平和維持活動に積極的に参加しなければならない。しかし前文の精神に忠実に自衛隊が国外へ平和維持活動で出ていこうとすると、「侵略につながる」などと言って反対する人々がいる。「なぜやらないのですか。なぜ安倍首相の足を引っぱることばかり考えているのですか」と私は言いたい。

例えば中国を見てください。チベットに対しても、イスラム諸国に対しても、むちゃくちゃなことをやっています。これに対してあなたたちはどうするのですか。遠くの他人なんぞどうなろうが知ったこっちゃないでいいのですか。憲法前文と反しているじゃないですか。それにいずれは矛先がこちらに向く可能性だってある。こういう議論になると思います。

江崎 しかし彼らの重点は、「世界に冠たる」憲法9条を守ることにあります。左派の人たちの議論は、基本的な考え方でいうと、「戦前の日本のような軍国主義を抑え込むことこそがアジアの平和だ」と思っているのです。中国がチベットやウイグルでやっていることはけしからんけれども、日本の軍国主義を解き放つことはもっとひどい状況を生む。「憲法9条によって日本の軍国主義を封じ込めることこそアジアの平和につながるのだ」という考え方です。僕がそれに賛同しているわけではないですよ。彼らはそういう考え方をするということです。

だからチベットやウイグルの話をしても、「だからといって憲法改正して日本の軍国主義を解放したら、もっとひどい状況になるに決まっている」と言う。日本の暴走を阻止することのほうがもっと大事だというのが彼らの視点です。

このような考え方に対して渡部さんならどう返答されますか。

平和を考えることは戦争を考えることである

渡部　私から見れば、それは世界の平和と安定を真剣に考えていないという結論にならざるを得ません。世界の平和と安定を考えるならば、戦争というものをもっと勉強しなければならない。これが私の結論です。

人類の歴史は戦争の歴史であると多くの人が言っています。平和を本当に実現したいのならば、なぜ戦争が起こるのか、なぜ戦争を止めることができないのか、そのことからまず勉強しなければならないのではないでしょうか。

日本社会においては、先の大戦の敗戦以降、戦争を議論すること自体を避け、ただ「平和、平和」と言っておれば平和は実現されるかのように考えている人たちがいる。その人たちに何が言いたいかというと、「国際政治を真剣に考えていますか。安全保障を本当に考えていますか」ということです。

日本の教育ではどこで近代的な意味での戦争を教えていますか。実質的な中心は小学校、中学校くらいでしょう。高校でも少しは教えるのでしょうが、どうしても受験対策に重点があるし、歴史の授業が近現代に入る前に終わりがちというのは有名な話です。

そして学校で教える内容といえば、小中学生相手なので仕方ない面もありますが、「戦争はダメです。平和は素晴らしい」止まりです。そんなの当たり前です。私だって戦争はやってはいけないと心底思います。戦争の悲惨さは誰よりも知っている。

では「平和が大切」と言うのだったら、その平和を実現するためには何が必要なのか。これを具体的に考えないと、口で「平和、平和」と唱えていてもどうしようもないでしょうということです。戦争というのは、こちらがしたくなければしなくて済むという類のものではない。少し歴史を学べばそういう面がすぐに見えてくる。

これこそ私がいま切に言いたいことです。典型的なのは平和安全法制です。あのときの議論においても、「平和安全法制によって日本は軍国主義的な国家になって、早晩戦争になる。あるいは明日にもアメリカの戦争に巻き込まれる」と言って反対していた人たちがいました。

江崎　当時、私も永田町で仕事をしていましたのでよく覚えていますが、毎週金曜日になると、首相官邸前に多くの人たちが集まって「戦争法案反対」というデモを行っていました。

渡部　平和安全法制が実際にできてもう数年経っていますが、そんな国に日本はなりましたかといったら、全然なっていないじゃないですか。個人情報保護法でもまったく同じ光景がありました。当時反対していた人たちは、個人の情報が国家にコントロールされ、完全な管理国家になってしまうと言っていました。

しかしあなたたち、あのとき反対したことに関して現在どうなっているかということをもう少し反省するべきではないですかと私は問いたい。何も反対するなと言っているわけではありません。それはそれで大切なことです。しかし自分の言ったことと現実を突き合わせるくらいはやっていただきたい。毎回とにかく反対だけして、その半年後には自分が何を言っていたかさえ忘れている人が多すぎます。

私が必要だと常々言っているスパイ防止法をつくろうとしても、やはり反対する人はたくさん出るでしょう。「政府がこの法律を濫用《らんよう》するから、人権侵害や恐怖政治に必ずつながる」とか言って。

江崎　ただ、それでは平和安全法制に賛成した側の人たちが戦争や平和を真面目に考えているのかといえば、そうではないという問題もあります。

あの平和安全法制に関する法案と関連資料は1000ページ以上になっていて、それを全部読みこんだ人は永田町にもほとんどいなかったと思います。官僚がつくる「ポンチ絵」という数枚の解説図だけを見て、「まあ政府自民党が推進しているのだから、賛成しておけばいいじゃないか」というのが、与党側の所属議員事務所の空気でした。それはそれで大問題です。

少なくとも安全保障、軍事に関する法整備について、「政府が推進しているのだから、賛成しておけばいい」というのは無責任です。

軍事に関する議論のタブー視はいい加減やめよう

江崎　日本の場合、軍事が絡むと、改憲派も護憲派も、まともな議論ができない。「軍事について考えないことが民主主義を守ることだ」みたいな妙な話になってしまっている。「軍事の専門家を育てないことこそ平和だ」といった捉え方が非常に広く浸透している。そういう意味では、軍事に関する知識、プロフェッショナルの軽視と言うべきなのか。そして、繰り返しますが、そうした専門家軽視、軍事軽視は、サヨク・リベラル派だけではないということです。

渡部　先の大戦以降、軍事そのものがタブー視されるようになり、これがやはりいちばん大きいと思います。大学にさえ軍事や国防を正面から考える分野・学科がない。安全保障や軍事や戦争に関する議論をタブー視してきたことをこれから直さないとダメでしょう。

江崎　現在、このあたりにタブーがないのは出版界くらいでしょうか。軍事に対しての知識に飢えている人が増えてきているから、むしろ軍事関係の本はそれなりに売れているような印象さえ受けます。

渡部　問題はアカデミアと政治です。コミンテルンの工作に関しては江崎さんが複数の著書でわかりやすく説明してくれています。そのため、コミンテルンに関する認識は日本人の間でもかなり広まっている。

しかし私がいま問題にしているのは、中国の統一戦線工作部の工作です。繰り返しになりますが、統一戦線工作部が何をモデルにしているかといったら、コミンテルンです。コミンテルンと統一戦線工作部には連続性がある。中国はコミンテルンのやったことを徹底的に研究し、統一戦線工作部を使って中国国内のみならず海外に対してさまざまな工作を行っている。それが日本に対しては非常にうまく機能しています。

例えば日本社会の重要なところに入り込んでいる。法曹界、マスメディア、政治、さらにはアカデミア。本当にうまく浸透しているとつくづく思います。明らかに意図的に、戦略的にやっています。その危機の実態を知らせねばならないと思うのです。だからこそ最近は執筆活動にも力を入れているわけですが。

江崎　永田町で仕事をしていると、中国共産党の幹部や北朝鮮の関係者が堂々と衆参の議員会館に出入りして、政治家たちと話をしている場面を目撃してきました。もはや、その光景が当たり前になってしまって、誰も疑問視すらしないのです。とくに中国共産党については、日本では準同盟国、友好国の政権政党という扱いですから。敵対国の工作機関という認識はほとんどありません。

この点について、じつはかなりしっかりしているのが公明党です。以前に聞いたことですが、公明党の国会議員たちは、他国の政治家や党幹部と接触した場合、その詳細を事前と事後、党本部に報告をしなければならないことになっています。そうやって外国の政治家や党幹部らからの工作について目を光らせているのですが、自民党の政治家にはそんな報告義務は課せられていません。自由に外国の政治家や工作員たちと会って話をしている。

自衛隊に対する貢献

渡部　自衛隊はソ連を仮想敵としてやってきましたが、東西冷戦が1989年に終結しました。冷戦終結以降、自衛隊は仮想敵を見失いました。敵がなくなったのだからいいことだろうという考え方もありますが、目標喪失というのは組織にとっては問題も多い。それに当時から既に、中華人民共和国が今後脅威になっていくだろうという予感が私にはありました。

冷戦期間中、陸上自衛隊でもソ連軍に対するマニュアルがつくられていました。「ソ連軍はこういう戦略を持って、こういう作戦をして、こういう戦術を使う」ということをマニュアルに書いて、ソ連軍の編成装備も細かく分析していたのです。

ところが冷戦終結後、そういうマニュアルをまったくつくらなくなった。例えば中国人民解放軍に対しても何も書かない。現役時代、自分の階級が上がるにつれて「書け、書け」とずっと提言していたのですが、まったく書かない。2018年5月に上梓した『中国人民解放軍の全貌』

は、現役の自衛官に対する私の〝プレゼント〟です。

江崎 なぜマニュアルをつくらなくなったのでしょうか。冷戦が終結したので大丈夫だということで、危機感がなくなったということでしょうか。あるいは冷戦終結後にはいわゆるPKOなどの方面が脚光を浴びたので、そちらのほうをメインに考えようという人たちが多かったということですか。

渡部 これにはさまざまな理由があるのですが、いちばん大きいのは陸上自衛隊内部の組織的な要因です。

冷戦後に陸上自衛隊で大きな改革をやりました。もちろんそれには冷戦の終結が大きなインパクトを与えています。「敵がいなくなったのだから、陸上自衛隊の規模を削減しなさい」という削減要求が陸上幕僚監部にも大きくのしかかってきましたから。

陸上幕僚監部自体を削減しなければならないということになり、冷戦期間中にはあった陸幕の防衛部研究課が縮小されてしまいました。そしてこの研究課のかわりに、外部に研究本部という組織をつくったのです。アメリカにはTRADOC（アメリカ陸軍訓練教義コマンド）という訓練の仕方やドクトリン（教義）をつくる大きな組織がありますが、そのTRADOCを参考にしました。しかしながら、これがうまく機能しなかったと思います。

アンドリュー・マーシャルとネットアセスメント

江崎　外国の軍事能力、中国人民解放軍のことについて分析をする体制が、自衛隊全体として脆《ぜい》弱《じゃく》になってしまっているということですか。

渡部　そうです。この問題と関連して、ここでアンドリュー・マーシャルを取り上げてみたいと思います。アンドリュー・マーシャルはアメリカ国防総省にいた化け物のような戦略家です。彼は江崎さんが言われるところのＤＩＭＥ（Ｐ１６４参照）を含めて、戦略というのはさまざまな要素を総合的に分析して立案しなければならないと考えた人です。

このアンドリュー・マーシャルが冷戦時代に、「ネットアセスメント」というものを国防総省のなかで行っていたのです。それでは彼が捉えたネットアセスメントとは何か。ネットアセスメントを私は「総合戦略分析」と訳しています。「総合」とある通り、それまでにも分析されていた軍の規模や兵器の数といった数字だけではなく、それに付随するありとあらゆる情報を組み込んでいくのです。例えば対象国の政治・経済・外交・科学技術力・教育の良い点や弱点、相手の指揮官の性格や弱点なども勘案していこうという分析手法です。

そのネットアセスメントの対象が当初はソ連でした。マーシャルはソ連を総合的に徹底分析して、ソ連の崩壊を予言した男です。もっと言えばソ連を崩壊させた陰の立役者のひとりとも言えるような人物です。

そしてソ連の崩壊以降に彼が研究対象としたのが中国です。ネットアセスメントの立場から中国を徹底的に、総合的に分析した。例えば中国の弱点はどこか、人民解放軍の弱点はどこか、どこを突けば中国の台頭を抑えることができるか。そうやって総合的に戦略を分析していく。ネットアセスメントの重要性は私がこの本で強調したいと思っていることのひとつです。

そしてこれも重要な点ですが、マーシャルは40数年間、アメリカのネットアセスメント部門の長に就き続けた。マーシャルは2019年3月26日に亡くなりました。97歳でした。つまり、あちらは優秀だと思った人材がいたならば、その人を長くポストにずっと座らせる。

江崎　アメリカはそういうやり方をします。僕が付き合ったアメリカの情報将校のひとりは70歳過ぎでしたが、ときには第7艦隊の旗艦ブルーリッジに乗り込むなど、現役としてアジア太平洋地域のインテリジェンス活動に従事していました。

渡部　長期間、例えばソ連ならソ連を徹底的に見る、中国なら中国を見る。そういう体制をつくらないといけないということです。現在の自衛隊のように、1年で人事異動、どんなに長くても2年ぐらいしか特定のポストにいないといった体制では、専門家は育ちません。ネットアセスメントはあらゆる分野に関する膨大な知識・教養・経験が必要ですが、そんなものが1年や2年で身につくはずがない。アメリカと比較しても、日本の組織運営には根本的な欠陥があります。

中国への無関心は変わらない

江崎　長期的な視点での専門家育成が大切だということですね。そのためには、政府、政治の側の認識が変わる必要がある。というのも、中国に関しては例えば防衛研究所を経て杏林大学教授だった平松茂雄《ひらまつしげお》先生は、劉華清[※29]（りゅうかせい）以来の中国人民解放軍の海洋戦略に対する警告をかなり早い段階から一貫して言い続けていました。

しかし防衛省も政治家もほとんど顧みようとしなかったと、いつも嘆いています。「結局私がいくら言ってもダメなんだ。誰も相手にしないんだ」と、私も平松先生の嘆き節をかなり聞いてきましたが、やはりそういう実態なのですね。

渡部　平松先生の本は絶版になっているものも多いから、古本屋で集めてきて、私もずいぶんと引用させてもらいました。これからの日本あるいは世界にとって中国がどれほど大きな意味を持つかということに気づくのが、我が国はあまりにも遅すぎました。さらには現在でさえ、例えば国家安全保障戦略（ＮＳＳ）[※30]を変えないために、新しい防衛大綱ができても、そこに中国の脅威は書かれていない。

江崎　中国を友好国から潜在的敵国へと、トランプ政権はあれだけ劇的に国家戦略を変えたのに、同盟国である我が国はそれに対してなんの反応もしていません。

渡部　それが問題なわけです。安倍政権下でありながらこの体たらく。ですから次の総理が誰になるかわかりませんが、さらに状況は厳しくなるだろうと思います。

※29　中国人民解放軍海軍の元司令官。鄧小平の時代に政治的にも頭角を現し、今日の中国海軍の大枠を作った人物とされる。中央軍事委員会副主席などの要職も歴任した

※30　２０１３年12月に第２次安倍政権のときに我が国で初めて作成された戦略文書

アメリカのすごさは何かというと、自分たちが軍事力を整備するターゲットはどこだと明確に挙げて、それに合わせて国防費を獲得し、軍事力を整備していく。非常に素直な思考過程をとることです。

日本においては国際協調主義で、それだけならいいのですが、議論の入り口の段階で「中国を敵視するのか」ですべてが止まってしまう。いきすぎたリベラリズムの悪いところが出ている。安全保障においては、脅威対象国を明確にしないと物事は進みません。それに実際に相手と敵対するかどうかはまったく別の問題です。国として、自衛隊としてはそういう事態に対処できるよう準備だけは、少なくとも議論だけはしっかりしておこうという話なのですが……政府がはっきりしない態度を取りますから、末端は本当に大変です。

陸幕においてさえ、中国を前面に押し立てて議論ができるかといったら、それを憚《はばか》る雰囲気がありますからね。

政治の世界でも仮想敵という議論はタブー

江崎　国会議員の政策スタッフとして永田町にいた経験から言うと、日本の政治の世界では仮想敵国という考え方そのものがタブー視されています。

そもそも仮想敵国などというものを考えること自体がけしからんということです。前述しましたが、リベラリズム、アメリカ流にいうとウィルソン主義という考え方があります。国際協調によって世界平和を実現しようという、国際連合にもつながるこのウィルソン主義的な考え方を否定したところからトランプ外交ははじまっているのだという話をしても、「いや、なんで国際協調がダメなの?」となる。永田町には、現実の国際政治はバランス・オブ・パワー、軍事力を含む力の均衡によって成り立つというリアリズムを理解している政治家が本当に少ないのです。

もうひとつよく言われるのは、「これまで憲法9条と自衛隊でやってきて、仮想敵国とか考えなくても平和裡にやってこられたじゃないか。なんで変えなきゃいけないんだ」ということです。国民は「政治家は勉強していないからダメだ」で終わるのではなく、そういう現実を見据えながら、積極的に安全保障の議論を組み立てねばならないという空気をつくっていこうとしてほしい。まず政治家から変えていかないと……いまのままだと、「どんなに価値ある情報を上げても豚に真珠」ということになりかねないですからね。

とにかくいまの政治家からすると、「まあ言っていることはわかるけれど、『中国の軍事的脅威に対応しろ』と言われてもどうしたらいいかわかんないじゃん」となる。「だからそんな面倒なことを指摘しないでよ」というのが永田町の空気です。

渡部　わかりました(笑)。

日本の政治家の意識

江崎　永田町の認識は本当に、「日本も国家戦略をつくらないといけないというけれども、その前に国家戦略って何？」といったものです。そもそも国家戦略をつくることが自分たちの役割だと思っている政治家はほとんどいないと思います。誰かがつくってくれると思い込んでいる。

各省庁が出してくるさまざまな法律があります。通常国会前に各省庁から「今回の通常国会で上げる法案はこれです」と上がってくる法案がだいたい70～80本ある。与党の場合だと、その70本からの法案の説明を各部会で聞き、野党から突っ込まれたときにどう反論したらいいかというレクチャーを官僚たちから受ける。それを基にして、法案を通すためにどういう国会質問をするのかを考えるのが政治家の務めだと思っているのです。

官僚たちがつくった法案を国会で通すことが政治家の役割であって、国家戦略を考えることは自分たちの役割だとは思っていない。要するに政治家が官僚たちの「下請け」になってしまっているのですが、長らくそれで来たので、それがおかしいと思う政治家も少ない。本当に泣きたくなります。

だけど海外のインテリジェンスや安全保障の専門家たちは、「日本の政治の中枢ではしっかりとした国家戦略に関する議論が行われているはずだ」と、美しい誤解をしてくれているのです。だから逆に渡部さんに教えてほしいのは、アメリカやドイツはどうなっているのかということです。

渡部　アメリカでは下院と上院に軍事委員会があります。この軍事委員会にはものすごく大きなインパクトがあり、国防費にも当然大きく影響を与えます。議員たちは軍事委員会などを通じながら議員立法をしていく。議員立法のためのスタッフも、ものすごく充実しています。それに議員自身が自分で具体的に物事を考えている。

例えばいまの中国はやはり問題が多いから、将来的にアメリカの安全保障に大きな影響を及ぼす可能性のある中国系ファンドによる企業買収を禁止しようと、議員立法でやっていくわけです。議員自身が具体的に法案を考えている。これは非常に重要なシステムだと思います。

軍事委員会にさまざまな専門家を呼んで、講義させて、それを聞きながら議員が考えをまとめていく。呼ばれる専門家はもちろん世界的に超一流の顔ぶれです。中国海軍のことに関して話を聞きたいと言ったら、例えば米海軍大学の教授たちに依頼がいく。彼らは人民解放軍の海軍のことを世界一知っていますから。彼らが講義をして、議員はそれを聞きながら自分たちの考えをまとめていく。それが非常にシステマティックにできるようになっています。日本の国防部会なんか比べものになりません。

江崎　自民党にも国防部会とか安全保障調査会とかいろいろありますけど、結局あそこは外務省と防衛省がつくったペーパーに対して政治家が文句を言う場です。国会議員が官僚たちに「こうしろ、ああしろ」「ここはどうなってんだ」という文句を言う場になってしまっており、自分たちが世界戦略、国防戦略をつくる当事者だとは思っていません。アメリカの政治家と日本の政治家では自覚がまったく違う。

渡部　残念なことですが、確かに違いますね。

変化の兆しはある

渡部　しかし国会議員には元自衛官もいますよね。例えば佐藤正久《さとうまさひさ》参議院議員は私の部下だったのですが、ツイッターやフェイスブックでの発信、講演活動など非常にうまくやっています。テレビにもよく出ますし、発言の仕方もずいぶんうまくなって、広く貢献してくれていると思います。

　しかし、貢献している元自衛官の議員はまだまだ少ない。佐藤正久議員以外にも元自衛官の国会議員はいます。それを考えると、元自衛官の国会議員でさえ本当に働いてくれているのかという疑問を持っています。

江崎　私も疑問ですね。

　ただ、第2次安倍政権では、安倍総理が日本を守るためには軍事や外交が重要だということを言い続けてくれましたので、空気はずいぶん変わってきました。

渡部　安倍首相に私が感謝したいのは、[※31]国家安全保障会議（日本版NSC）をつくったこと。これは本当にすごいことですし、平和安全法制をはじめとして、法整備もやってくれました。この点に関しては非常に感謝していますし、高く評価しています。さらに言えば、防衛費の増額に関してももっと踏み込んでほしいのですが……。

経済界にも啓蒙が必要

江崎　話を戻しますと、国防を考えないと最終的に利益を失うのは自分たちだということを、エリート層が考えないといけません。

政治家ももちろんですが、とりわけ経済界。経済界の方々にアメリカにもパンダ・ハガーとドラゴン・スレイヤーという2種類の立場がありますという話をすると、「へー、そうなんだ」という感じですから。経済界でもまずそこから言わないといけない。

第1章で名前が出ましたエズラ・ヴォーゲル博士にしても、やはり『ジャパン・アズ・ナンバーワン』のイメージが強烈なので、みんなバリバリの親日派だと思っています。

渡部　まったく違う（笑）。

江崎　そういう入り口の段階から説明しないといけないのです。そういう意味で、渡部さんがハーバード大学で経験したことを伝えてくれるというのは大きな価値があると思います。ハーバード大学には日本の各省庁、日本企業のエリートが勉強しに来ています。でも、ハーバード大学自体がリベラルに寄っており、パンダ・ハガーの巣窟です。そしてアメリカに行って勉強すればす

※31　国家安全保障に関する重要事項および重大事態への対処を審議するという目的で、内閣におかれた会議。議長は内閣総理大臣

るほど、親中派になって帰ってくるというわけのわからないカラクリがある。

渡部　その傾向はハーバード大学にいた２０１７年頃までは確かにありました。また、日本の経済界は、「中国のマーケットの重要性、発展性は無視できない」とかいまだに言っています。

江崎　例えば先日も、中国との取引で厳しい状況になっている大手メーカーの社長さんと話をしました。すると、「『朝日新聞』とか『読売新聞』を読んでいて、トランプ政権は続かないと思っていた」と言うのです。要するに米中貿易戦争は尻すぼみになると思っていたらしいのですが、完全に見通しが甘かった。

渡部　甘いですね。

江崎　トランプ政権があそこまで米中貿易戦争を仕掛けるとは思っていなかった。これは京都の大手メーカーの社長も同じことをおっしゃっていました。僕からすると、「言ったじゃないですか」という話なのですが。「米中貿易戦争がはじまって大変なことになりますよ。御社も中国との関係が深いんだから、対策を考えておかないとまずいですよ」ということを、僕は前から言っているのです。

ビジネスを守るためにも国際政治や軍事的な知識が重要になる

渡部　とは言っても、一回中国に踏み込んだらその足を抜くということはビジネスではものすごく難しいでしょう。既に投資をしているわけだから。

江崎　実際にはもっと厳しい段階に入っています。いま問われているのは、中国とアメリカのマーケットのどちらを選ぶのかという話です。

渡部　そういう選択を迫っていますよね、アメリカは。

江崎　ただ、トランプ政権がそういった選択を迫ってきているおかげで、経営者としては「中国への投資は回収できないけれども、トランプが米中のどちらを取るんだという二者択一を迫ってきているので中国における生産拠点を日本か、ほかのアジア諸国に移すしかありません」という形で株主を説得できます。社長たちのいちばんの悩みどころは株主をどう説得するか、なので。

中国に対して行ってきた膨大な投資を社長の判断だけで捨てることはできない。株主の同意が必要ですが、その株主を説得しやすい状況ができている。トランプ政権だけじゃなくて、アメリカが超党派で中国に対して非常に厳しい政策を突きつけているからです。

少なくともローテク分野の中国での進出は維持していい。でもハイテク分野に関しては、「進出を続けていくとトランプ政権から制裁を食らいますよ」と。そこは分けて、ローテクは残し、ハイテクは引き上げる。それだったら大きなリスクをとらなくてもできるはずですよと。

ビジネスでも、国際政治の動きや軍事の動きの理解がこれまで以上に重要になってくるということです。とりわけサプライチェーンがこれだけグローバルになっている状況のなかでは、経済界の人たちも軍事、金融、外交といったものを総合的に理解しないと、ビジネスを守れない。

韓国に約束を守らせるには

江崎　多くの国々では、まず国防をきちんと整備することが自らの経済的利益を確保することであると、経済界はもちろん、かなりの一般人も理解しています。なんらかの強制力があってこそビジネスも維持できるのだと。

例えば中国がＷＴＯに入ったところで、ＷＴＯのルールを守らないわけです。口でいくら言ったって守らないのだから、軍事的なことも含めた圧力を加えてＷＴＯのルールを守らせないといけない。そうでなければ自国の経済的利益、もっと身近に言えば普通のビジネスも守れない。そういったことを経済界も一般の人もわかっている。

軍事・国防というと戦争しか頭に浮かばない人たちとは違って、欧米のエリート層は国益を守るというか他国に国際ルール、契約を守らせるための強制力として軍事・国防が大事だということを理解している。とくにアメリカはそうです。

日本だと、韓国の問題を考えると解りやすいと思います。日韓基本条例を結んで、戦後賠償問題は終わったと約束したにもかかわらず、日本企業の財産差し押さえなどというムチャクチャなことをやってくるわけです。それに対して政治は「遺憾です、遺憾です」って壊れたレコードのように繰り返すだけ。いやいや、遺憾はもういい。

じゃあ、約束を守らせるためには具体的にどうするのか。ほかの国ならば、通商政策や金融政策はもちろん、軍事やインテリジェンスも含めたあらゆる方策を使って相手の国を追い込んで、約束を守らせます。要するに、相手国に約束を守らせるためには、力が必要なのです。その力が、軍事力であり、インテリジェンスなのです。

こういっては申しわけないですが、韓国というか朝鮮ですけど、明治以降にあの国が国際条約を守ったことありますか。お隣の中国だって守ったことありますか。そもそも国際法のようなルールを理解できる成熟した国が我が国の周りにあるのですかという話なのです。

渡部　ないですね。

江崎　そんな国にどうやって国際ルールを守らせて、日本のビジネスや企業を守るのか。あるいはその国に行った日本人を守るのか。明治の人たちだって自分たちを守るために「富国強兵」という国是を掲げたわけですから。

それに軍事とか相手国への強制力とかいうと、すぐに「右翼だ」「戦争を起こそうとしている」と騒ぎだす人たちがいます。もちろん言論の自由はありますし、「右翼だ、軍国主義だ」と言ってもいいのです。

しかし軍事力を持たずに、話し合いだけで解決しようとした結果、韓国からバカにされ、何度もお金を払わされ、さらにまたゆすられている。そのツケを、日本の民間企業が現実に払わされているということに対して何もできない体たらくです。これからもそれでいいなら、防衛力強化を「右翼だ、軍国主義だ」と叩きなさいと。

ただし、「軍事力の議論を『右翼だ、軍国主義だ』と言って頭ごなしに批判することは、韓国からあんなムチャクチャなことをやられても『遺憾です』としか言えない日本にしていくという選択をしているのだということを、国民の皆さん、理解しましょう」とだけは言いたい。自分たちが結果的に何を選択しているのかを理解しましょうと。

アメリカでは政治家も国民の多くも、国防を一生懸命やることが自分たちの生活を守ることになるとわかっている。だけど日本はそういう意識がない。国防は自衛隊が細々やってくればいいと、国民も政治家も思っている。

でも、そういうことを理解しないがゆえに、米中貿易戦争がはじまった結果、中国に進出した日本企業が痛い目に遭って苦しんでいる。軍事や国際政治を理解しないがゆえに、現実にビジネスで大損を出している企業があるわけです。そんな形で大損したくなければ、軍事面も含めた国際政治を理解できる政治家を生み出さないといけない。そういう出発点を確認することから一般の人たちに理解してもらわないといけないのが日本の大変なところです。

渡部　その通りですね。

民間人の登用とシンクタンクの創設を

江崎　トランプ政権みたいなことを安倍政権がやるのであれば、状況は変わります。例えば渡部さんたち安全保障、中国問題の専門家を国家安全保障局の幹部に登用するということです。トランプ政権は在野の安全保障、中国の専門家たちを政府高官に登用して、中国を追いつめているわけですから。

渡部　日本は残念ながらそういう仕組みにはなっていないです。

江崎　渡部さんが民間かというと微妙なところではあるのですが、渡部さんのような中国軍の専門家を国防総省か国務省幹部に登用しながら、どうやって勝ちにいくのかということを官民で総力を挙げて議論して実現していくのがトランプ政権というかアメリカのやり方です。日本は残念ながら官だけでやっていて、民間の力を借りようとしない。このやり方にはやはり大きな限界があります。

渡部　これだけ人手不足が言われ、日本は人口が減少する。そうなったら老人を使わないとダメです（笑）。

先に言ったマーシャルのような人材の使い方をするシステムが絶対に必要だと思います。戦略を考えるのが大好きで、これだけ勉強している人をリタイアさせて何になるのかと。

そして江崎さんもよく言われる、シンクタンクを日本につくらないといけないというのは、まさにその通りです。防衛省や外務省をリタイアした人たちがシンクタンクのなかに入りながら、ネットアセスメントをやる。徹底的に中国を研究してみる。偏見とか好き嫌いではなく、事実に基づいてリアルに見ていく。

そうして上がってきた情報・分析をもとに、日本の政治家として中国に対してどのような態度をとっていくのですかということを考えてもらう。「未来志向」とかそういう漠然とした話はいいので、具体的にどのような施策を打つのですかと。このことを真剣に考えないとダメだということです。

その意味で今回、国家安全保障戦略を安倍政権がまったく変えなかったというのは、真剣に考えているのですかと私は言いたい。トランプが米中貿易戦争を仕掛け、米中冷戦と言われている段階まで来ている。そのさなかにそれはないだろうという想いはものすごくあります。

江崎　いまのままだと、トランプ政権の対中戦略に連動できないまま、日米同盟は空洞化していきますよ。

渡部　ここはものすごく大切な部分です。日米同盟の空洞化というのは、日本が原因となっている部分も大きい。アメリカには、日本はやるべきことをやっていないように見える。アメリカの専門家たちは論理的に考えてきます。その考えを日本人は全然理解できなくて、荒立てないようにというか、とにかく物事をオブラートに包もうとする。これは逆に日本を危うくすると私は思います。

直視しないリスクは大きくなっていく

江崎　アメリカも一時期は国務省がパンダ・ハガーばかりでしたから、そのカウンターパートである日本外務省が親中派になるのは当然とも言える。

一方、トランプ政権は外交を、親中派の国務省にやらせないで、軍とＣＩＡにやらせている。当然、国務省の官僚たちはカンカンに怒っているわけですが。

渡部　外から見ていても心配になるくらいの過激さです。

江崎　だいたい国務長官になったポンペイオだって元々ＣＩＡの人間です。ＣＩＡの人間をいきなり国務省のトップに送り込んで、「お前ら国務省は役立たずだから、ＣＩＡの下で動け」とやる。すさまじいなと思いますけど、勝つためにはなりふりかまわない。一方、日本はそもそも勝つ気があるのかと思います。

渡部　前例踏襲で、事なかれ主義なのです。自分の将来を傷つける可能性のあることはやらない。

江崎　そうやって目の前のリスクを取らない結果、逆にいちばん大きなリスクを負っているのは日本国民ですが、それに気づかない。

渡部　その通りです。

江崎　問題から逃げているとその間に傷が大きくなるだけです。政治家が官僚たちに配慮して、民間の専門家たちを登用しようとしないから、時代の変化に対応できないでいるわけです。

渡部さんが中国軍の脅威に関する本を書いても、「そんなことを言われても中国とけんかできないし」みたいな話になって、「ちょっとこの問題、遠ざけておこう」で終わってしまう。

これが、中国軍の脅威は重要なので、渡部さんを防衛副大臣に登用しようとなれば、日本の防衛体制は飛躍的によくなっていくはずです。

渡部　そうなればいいですね。
江崎　アメリカの強さの秘密は、こうした大胆な人事ができることなのです。

政治家が官僚に使われている

江崎　政治家に関してもうひとつ言うと、官僚はあくまでもスタッフに過ぎないということです。「各省庁から言われたことをこなすのが政治家だ」みたいな倒錯はおかしい。
渡部　政治家が官僚を使っていくのが本来の形なのですが。
江崎　現実は逆になっている。政治家が官僚たちに駒として使われています。
渡部　たしかに、政治家と官僚の相互理解が欠けていると思います。中央省庁は選挙を経た国民の代表である政治家の意味を理解していないし、政治家のほうは官僚をいかに使うかというところがわかってない。
江崎　政治家が官僚を使いこなすためには、やはり各省庁が何を考えているのかを理解することです。使いこなすためには知恵が必要です。権力だけで無理やり言うことを聞かせようとしても無理です。小沢一郎さんのような政治家が「俺は権力を持っているんだからお前ら、言うことを聞け」みたいにやっても、官僚を使うことにはならない。面従腹背するだけで、従っていない。
　だから権力で無理強いするのではなく、国益を守るためにこうしろという姿勢でやる。現行の憲法でも、「国会は国権の最高機関」と書いてあります。政治家こそが国の最高機関に属しており、国家戦略を担う最高責任者であるということは、現行憲法にも書いてあることなので、憲法をちゃんと守ってもらいたい（笑）。

不作為の罪

江崎　前例踏襲だけでは国際情勢の変化に対応できません。だからこそ状況の変化に従って国の政策、対応を変えていくために、定期的に選挙で民意を問うているわけです。

政策を大胆に変えることが可能となるように、数年に1回、選挙という形で民意を問うているのです。官僚がやっている前例踏襲を続けるだけであれば、選挙なんかいらない。いつから我が国は民主主義国家ではなく、官僚の国家になったのか。でも、これは官僚を叩いているのではない。政治家の皆さん、民主主義をきちんと機能させましょうということです。

国際政治でも状況は大きく変化します。先ほど渡部さんがおっしゃったように、トランプ政権が中国をライバルと決めた。国家戦略にそれを明確に明記した。ニクソン訪中が1972年で、米中国交正常化が1979年ですから、それから考えると約40年ぶりにアメリカは対中国戦略を抜本的に転換させたことになります。

中国はもはやアメリカの友好国ではないとなったなかで、アメリカの同盟国である日本としてはどうするのだという議論をすべきです。その議論をせずに、いままで通りの惰性で物事が進んでいるというのは恐ろしいことです。政治家として何の判断もしていないということで、これはもう最悪です。

「トランプ政権はもう続かないと見ている。だからいまのアメリカには引っ張られずに、我々は中国と仲良くするのだ」という判断を主体的に下しているのならまだいい。僕は間違いだと思いますけど、それはそれでひとつの判断ですから。

渡部　選択肢としては当然それも考えないといけないと思います。

江崎　しかし、いまの日本は判断自体を留保しているだけです。同盟国アメリカが世界戦略を変えた。それに対して日本としてはどうするのか。

トランプ政権の対中国政策には同調しないというのもひとつの決断です。でも、いまは何の判断もせず、それでよしとしている。

仮に判断を下すにあたっても、中国人民解放軍や習近平政権が何を狙っているのかということを多角的に分析し、日本の視点から理解しなければいけません。トランプ政権が対中政策を変えたから日本も同じように変えるじゃなく、主体的に物事を判断するためには情報は必須です。

変化した状況に我が国はどう対処するのか。本来ならば関連情報を死に物狂いで収集・分析し、外交、軍事、経済、通商、インテリジェンス、あらゆる意味において対中国政策をどうしていくのかを再検討すべきだったのです。

べつに中国と敵対しろと言っているのではありません。現状維持にしても主体的な判断として行っているのであれば問題ない。日本としてどうするのかということを考えるのが国会なのだということを言いたいだけなのですが、なかなかわかってもらえません。

渡部　おっしゃる通りですね。

政敵同士でも是々非々の議論を

江崎　アメリカはトランプ政権になってこの2年間、国家戦略の大転換をやってきました。日本は何もしていないとなると言いすぎかもしれませんが、あまりにも鈍感。

渡部　いや、はっきり言って何もしていない（笑）。先述のように国家安全保障政策を変えなかったのですから。これは私には耐えられない。

面白いのは、トランプ政権になって国防総省から戦略文書（国家安全保障戦略、国家防衛戦略、核戦力体制の見直しなど）が確実に公表されるようになってきたことです。これは国防総省がうまく機能している証拠です。

最近でも、アメリカのインテリジェンス・コミュニティが情報分析を明確に公表してきた。弾道ミサイル防衛に関する戦略も公表したことはあまりないのですが、それも公表してきた。

江崎　それに基づいて中距離核戦力（ＩＮＦ：Intermediate-range Nuclear Forces）全廃条約の全面的見直しをはじめているわけですよね。

渡部　ＩＮＦもそうですが、それとは別に極超音速の滑空弾に対する危機意識を打ち出し、核に関する戦略文書も公表した。さらに国家安全保障戦略や国家防衛戦略も公表した。これはいままでにないことです。

それにいまアメリカでは面白い現象が起こっている。トランプが中国に貿易戦争を仕掛けたとき、あの民主党でさえ超党派で中国との戦いに関しては賛成している。ここがアメリカの本質、強さだと私は思っています。共和党は当たり前ですけど、民主党の連中でさえ、中国はやはりおかしいということを認識し、国益のためには政敵にも賛同するところは賛同する。

一方でこれだけの証拠があるにもかかわらず、日本の政治家は何を考えているのか。とくに自民党、公明党は何を考えているのだということです。

江崎　繰り返しますが、日本の政治家の多くはそういった大きな国家戦略を考えることが自分たちの役割だとは思っていないのです。

結局は国民の意識の問題に戻ってくる

江崎　しかしここで「だから日本の政治はダメなのだ」で終わりにしてはいけない。アメリカでは、有権者、とくにシンクタンクがそんな政治の怠慢を許しません。民間シンクタンクの力が弱い日本はそれを許してしまう。これこそが問題です。
その結果、中国とのビジネスで多くの日本企業が苦しんでいて、倒産の危機に苦しむ企業も現れている。こういう状況になっても「企業の経営者の判断が悪かった」で終わってしまう。海外に進出している日本の企業や雇用を守るのは政治家の役割だと、国民側も思っていない。

渡部　日本の人たちはそこまで政治家に期待していません。

江崎　アメリカ人は非常に政治家に厳しくて、国際政治に巻き込まれた自国のビジネスを守るのは政治家の仕事だと明確に思っています。彼らの考えからすると、「政治家に権力を与える。そのかわりそれだけのことをやってくれ」となる。しかし日本人は、そういう意味では政治家にほとんど何も期待していない。だから地元に帰ってきて握手してくれると、「ああ、握手してくれてよかった」と、それだけで満足してしまう。その程度の話で票が動いてしまいがちです。

渡部　私が最も言いたいのは、日本の危機管理に関してはオール・ジャパンで考えようということです。当然、政治家がトップで考えなければいけませんが、内閣官房を中心としたさまざまな機関も組織も、各省庁も、そして何より国民自身も考えようということです。危機管理といったら防衛省だけの話ということではなく、みんなで考えましょうということです。

アメリカの国民にはダメな人も多いですけれども、優秀な人も非常に多い。そして総じて思うのは、彼らの「世界一の国家の国民だ」というプライドはものすごく高いということです。そういう国民だから、政治家を選ぶときにもそれなりの連中を選ぶ。

アメリカの政治家の意識の高さは、国民の意識の高さの反映です。そこは我々日本国民としても反省すべきだということなのでしょう。

民主主義とは選択である

江崎　僕は政治畑の人間なので、有権者の人たちに選挙のときこう言うんです。「右翼だ、軍国主義だと批判しても構いません。でもそれを言うことによって皆さんが何を選択しているかだけは理解してください。現状を維持するということは、韓国からバカにされ、中国からバカにされ、北朝鮮からもバカにされる国のままでよいという選択をしていることになるのですよ」と。

　自分の家族が拉致されても何もできない。中国にお店を構えた企業が反日デモの標的になり、お店をめちゃくちゃにされても賠償もしてもらえず、泣き寝入り。日々食べていくための商売さえ安心してできない。それでいいと思うなら、どうぞ防衛力強化を否定してください。ただしそういった選択をしていることだけは自覚しましょうと。そういう議論の仕方をすべきだというのが僕の一貫した立場です。だから渡部さんの本を読まないという選択もあるわけです。

渡部　たくさんの人がそういう選択をしているみたいですね（笑）。

江崎　僕は民主主義というのは、国民による選択だと思います。「選挙によって我々は毎回、選択をしているのだ」という教育を、例えばアメリカではしている。本質にあるのは、候補者を通して何を選ぶのかですから。

渡部　劇的にチョイスさせます。

江崎　国民自身による選択の自由を民主主義は保障しています。そして我々が選択することによって、政治の方向性、国の進路が決められていく。でも日本では、自分たちが何を選択しているのかを自覚していない。これはもはや民主主義ではありません。形だけ真似をして、本質のところが抜け落ちている。だから日本も民主主義国家になりましょう、民主主義を使いこなしましょうよと言いたいのです。

渡部　素晴らしい考え方だと思います。私の広報活動は間違えていたかもしれない（笑）。

見る目のない人が権威にこだわる

渡部　世界はいま劇的に変わっています。そのなかで日本はいかに生き残っていくか。その選択をするためには、戦略的に物事を考えることが必要です。

例えば政治、経済、アカデミア、外交、あるいは防衛・軍事の世界で、どのように中国に対応するべきなのか。普段から研究していないと政策は出せません。日本ではおそらく最終的にはNSCで議論するんでしょうけど、すぐに政策判断に使えるレベルで戦略的に運営しているとは私にはとても思えない。

江崎　繰り返しますが、アメリカの強さというのは、民間シンクタンク、あるいは若い人たちの成果や知見を偏見なく使うところにあります。

日本の場合、政府でも国会議員でも、民間や若い人の知見をあまり利用しません。権威主義的というか、中身を見ずに社会的地位のようなものだけで判断する傾向が非常に強い。勝つためにどうするかといういちばん大事なところを考えていない。言い方は悪いですが、プロ野球もサッカーも、有名選手を集めたからといって勝てるわけではありません。

無名でも力のある選手を見つける目を持たないと、サッカーでも野球でも勝てない。スポーツ界に限らず、世間では有能な人たちを探そうと死に物狂いでやっているのに、政治の現場だけはそれをやらない。やらないからアメリカや中国に負ける。

渡部 別の言い方をすれば、日本の国民は政治家を選ぶ。選ぶことによって国民は政治家を使わなければいけない。思いあがっていると批判されがちな官僚は官僚で、人事権を握られている政治家に対して本来は弱いです。自衛隊で面白いのは、自衛官は数が多いから、政治家は自衛隊に対してはけっこう気を遣う。票を持っているからです（笑）。これは選挙でものすごく効力があると思います。食物連鎖じゃないですが、こういう関係も国民にとっていい方向に使っていければいいのですが。

そのためにはやはり国民一人ひとりが賢くならねばならないし、当然ながら政治家も勉強して賢くならなくてはいけない。まず国益とはなんぞやということを提起し、その国益を実現させるためにはどのように行動せねばならないかを戦略的に考えなければいけない。そのためには政治家も国民ももっと学ばないとならないし、シンクタンクも必要だとなってしまい、堂々巡りになってしまいます。

危機をもって奇貨とせよ

渡部　そうはいっても、日本でも最近少しは変化が出てきたのでしょうか。一昔前に比べて随分国防についても議論できるようになってきた面があると見る人もいます。

江崎　それはやはり習近平さんと金正恩《キムジョンウン》さんに感謝しなきゃなりません（笑）。それと民主党政権のおかげだと思います。あの民主党政権のおかげで、変な政治家を選んだら大変なことになるということを思い知った。そういう意味では、鳩山由紀夫さんと菅直人さんたちの業績は偉大です。彼らは日本政治において偉大な業績というか教訓を残しました。

でも、いまの自民党がその教訓を活かしているのかというと、疑問です。野党のダメっぷりに安心して、「民主党よりマシだからいいじゃない？」みたいに胡坐《あぐら》をかいている。それに胡座をかかせるような生ぬるい議論を一部の言論界もやっている。

渡部　やはりネガティヴな批判ばかりではなく、前向きに、政策的に日本をいかにして戦略的国家ならしめるかというところが大切です。

防衛費は賄える

渡部　防衛費の財源に関していうと、例えば元大蔵官僚の経済学者の高橋洋一さんなどが言っていますが、現在時点での国家のバランスシートを考えたら、日本はそれほどひどくない。世界の国々が国防費にGDPの2%以上を使って、アメリカも当然ながら3%を超えた額を使っている。あの韓国でさえ、もう2%を超えているわけです。

江崎　いまは3%近いですね。

渡部　バランスシートから考えたらアメリカは危ないかもしれない。しかし日本はまだ防衛費は捻出できると私は思っています。例えば我が国は建設国債を発行していました。そこで国防国債を発行したらどうだという意見もある。そうしないと周辺国の国内や、日本と周りの国の間で起きうる望ましくない事態に対応できなくなる。

江崎　悪くすると韓国の実質的な防衛費は日本を追い抜きますよ。

渡部　韓国でさえどんどん日本に近づいてきています。防衛費増は国家の意志です。

国防産業を重荷だと考えたらダメです。国防産業はネガティヴなものではなく、成長産業だと捉えるべきです。例えば5Gでも、AIでも、ロボットでもそうですが、他国はこの分野をひとつの有望な産業だと捉えて、国防予算も当てながら官民協力して開発を進めています。国防を成長産業として捉え直すように発想を転換すればいいと私は思っています。

そしてもうひとつ、日本の装備品は高いと言われますが、それは当たり前です。防衛省が買ってくれる量が少ないから。つまり、装備品の輸出を真剣に考えないといけない。こういうことを言うとまた「死の商人になるのか」と言われますけど、そうじゃないのです。

あまり目立たないけれども、例えば通信の装備品は軍事と関係が深いのですが、輸出の有望な分野です。あるいは潜水艦。オーストラリアは日本の潜水艦を排除して、フランスから買うと言った。しかし、それは頓挫しているらしい。もう一回日本にお願いしたいと言ってくる場合もあり得ます。このように、必要だと言われているところにいけばいいと私は思います。

同盟国や友好国に装備品を売って何が悪いのかと思います。装備品の輸出に関してはもっと日本の国益に沿ったことができるのではないでしょうか。

江崎　「死の商人」みたいな批判をして、我が国の防衛産業を衰退させていった結果、アジア各国の軍隊の装備はメイド・イン・チャイナになっています。日本の軍需産業を頭ごなしに批判することは、そういう形で中国の防衛産業の世界展開、はっきり言えば中国のアジア「進出」を支援していることだということを理解すべきです。

筋の通らないアカデミア

渡部　アカデミアにしても、「軍事・防衛に関する技術に関しては防衛省とは研究しません」と言っているところがあります。学会として、大学としてそのように決めましたと。しかしアメリカの紐《ひも》つきの軍事研究はやっていますし、ファーウェイなどの中国企業から資金を提供されて研究はしているじゃないかという話です。

中国は本当に制限がないですから、あらゆることを国家を挙げてやる。会社にしたって国営企業も民営企業も関係なく、中国を強くするためならすべて協力しますから。

江崎　「防衛関連の研究なんかやらない」と言っている日本の大学には、ぜひとも一度その通りにしてはいかがでしょうかと言いたいですね。防衛と関連する研究をやらないことを徹底してもらいたい。

デュアルユースといいますが、多くの技術は軍事専用と民間専用という形ではもう分けられない時代です。コンピュータも携帯電話もスマホもすべて軍事技術から派生した側面があるのだから、国防にはかかわりたくないと言うのであれば、矜持《きょうじ》を持って、コンピュータも携帯電話も使わないという決断をしていただきたい。そこまでしてくれるならば、僕は大いに賛成します。

日本政府も態度が中途半端なのですよ。本人たちが軍事に利用できる研究はやりたくないと言っているのですから、「よしわかった。軍事と関連しそうな研究予算、全部削るね」と言えばいいのです。科学技術分野は軍事と関連しますので、その分野の予算はごそっと削ってしまえばいい。そこで浮いた予算は防衛費や防衛産業、民間シンクタンクに回してもらいたい。

渡部　是非そうしてもらいたいですね（笑）。

皆が自分の利益を最大化させるという原理で動いている

江崎　ところでじつは、アメリカのパンダ・ハガーが中国の脅威に最近気づいたという言い方は正確ではないと思っています。オバマのときも、ブッシュのときも、最初は中国脅威論が出ているのです。でも、しぼむのです。トランプの間は当面しぼまないと思いますが……。

なぜかというと、渡部さんが先におっしゃったように、一定数のアメリカの超エリートたちは、本当になんでも利用するのです。そういう連中なので、いまはドラゴン・スレイヤーであることが利益になると思っているから、それをやっているだけ。風向きが変われば、すぐにパンダ・ハガーに変わる。僕は彼らの現在の立ち位置などまったく信用していません。彼らは覇権を維持するためと、自分たちの利益になるのだったら、いくらだって変わる。

たぶん彼らは、自分のイデオロギーさえも信じていないと思うのです。もちろんミアシャイマー博士（P63参照）といった良心的な学者は別です。筋を通しますから。でもほとんどの人はそうじゃない。風見鶏なのでコロコロ変わる。しかしそれが彼らの強さでもある。だからトランプも僕は信用していない。彼もいつまったく別のことを言い出すかわからないと見ています。

渡部　私も含めて多くの人が「トランプ大統領は予測不能だ。彼の言っていることはコロコロ変わる」と言っています（笑）。

江崎　利益、国益の計算のなかでしか政治は動きません。それは永田町で仕事をしていて、本当に思い知りました。昨日まで「憲法改正だ！」って言っていた人が選挙で負けそうになると、「自分は憲法改正反対です」と言う。平気でみんなコロコロ変わるのです。そして「何が悪いのだ」と開き直る。

「政治家も困ったものだ」ではなく、彼らがそういう存在だということを前提にして考えることが大切です。アメリカや日本のそういった政治家を、有権者である我々はどう使うのかということとを考えないといけません。そして政治家を使おうと思えば、圧力団体か民間シンクタンクが必要なのです。
　トランプがいずれちゃぶ台返しする可能性があることを前提に準備しておく。あるいはちゃぶ台返しさせないようにトランプ政権をどうコントロールするか。日本側としてはそういったことを考えないと、「トランプがこう言っているのだから、我々もそれに従います」みたいな安易なことをやっていくと、いずれ足元をすくわれると思います。

日米間だって国益は違う

江崎　当たり前の話ですが、アメリカと日本では軍事的な利益は全然違います。日本は中国と正面で対峙していますから本当に大変です。しかしアメリカにとって中国は正面じゃなくて、日本を盾にしようと思っています。対中国の安全保障戦略に関しても日本とアメリカではまったく立ち位置が違う。

渡部　拙著の『米中戦争――そのとき日本は』はそのことを踏まえながら書いています。アメリカの戦略家たちは、南西諸島の防衛を陸上自衛隊等の日本にやらせることによって、中国のA2AD（接近阻止・領域拒否）を打ち破ることを考えている。まず第1線となる南西諸島で中国の火力がバンバン落ちているとき、米軍の空母などは後方で待機しているわけです。

江崎　日本の陸上自衛隊を中国がミサイル攻撃などによってさんざん痛めつけるのを見届けてか

ら、中国も疲弊した段階でアメリカが出ていくという戦略ですよね。

渡部　日本側もそれはわかっているのです。アメリカに使われるのはわかっているけれど、南西諸島の防衛は日本の防衛そのものですし、我が国がそこから逃げるわけにはいかない。日本が占領されないためにはアメリカの力は絶対に必要ですから、アメリカの軍事力をいかに活用するかを我が国はしたたかに考えなければいけません。

そのために考え出したのが、南西諸島における自衛隊による人民解放軍に対する接近阻止・領域拒否作戦と、日米による対人民解放軍共同作戦です。つまり、南西諸島に配備された自衛隊が米軍と共同して、第1列島線を形成する南西諸島を越えて西太平洋に進出しようとする人民解放軍に対して接近阻止・領域拒否作戦を実施し、人民解放軍の行動を阻止するということです。

いずれにしても、我が国の国益を達成するためにアメリカといかに付き合っていくか、そこは冷静に考える必要があります。正面で中国と対峙しているのは日本のほうなのですから。

江崎　最終的に中国に屈しないためには、それでも米軍と組むという選択をせざるを得ない。南西諸島で最初に出る犠牲に関しては、アメリカは引いて見ているでしょう。だからアメリカはけしからんではなく、日本はそこまで覚悟しないといけないくらいの状況に追い込まれているということなのです。

南西諸島に地対艦ミサイル部隊を配置する、いわゆるミサイル・バリア構想を推進すれば、アメリカは日本と一緒になって沖縄・南西諸島を中国のミサイルの嵐から守ってくれるのか。残念ながら、そうではない。アメリカは、日本の自衛隊を盾として使うつもりです。だが、日本が盾として戦わない限り、アメリカは日本を助けようともしない。そうした日米同盟の非情さ、リアルさも含め、覚悟しながら対中国を考えないといけない。

つまり米軍が出てくるまでは日本におそらく一方的に被害が出ることを覚悟しないといけないのです。

渡部　その可能性は高いですね。大きな被害を覚悟しなければいけませんが、その被害を局限する対策を現在追求しているところです。

江崎　繰り返しますけど、アメリカの情勢分析は利用するけれども、アメリカの分析、戦略を鵜《う》呑《の》みにしてはいけません。南西諸島防衛で日本にどれだけの被害が出るのかを、日本は日本の視点で分析し、対応策を講じなければいけない。

そういう発想に立たないと、実はアメリカとも話はできない。アメリカの情勢分析や戦略を鵜呑みにしていては、内心でバカにされるだけです。つまるところ日米は別の国なのですから。

アメリカも日本を使えるだけ使っている

渡部　まずは日本でもネットアセスメントを行わなければいけません。おっしゃる通りアメリカの分析はそれとして利用し、日本は日本の国益に基づいた分析を当然ながら行っていかなければならない。それがないと日本独自の戦略というものがアメリカに伝えられない。

江崎　日米の国益の違いというのはぜひとも強調したいです。僕はよく親米論者だと言われるのですが、一体どこを見てそう言っているのかなと思って（笑）。

渡部　左右どの陣営にも一部分だけを切り取って都合のいいように解釈してしまう短絡的な人が多いです。第5章で紹介したテンプルの言葉を借りれば、「日本には永遠の同盟もなければ、永遠の敵もない」といったところでしょうか。

江崎　なんでもアメリカに倣えなんて調子でやっていたら、向こうの人たちとまともに付き合えないです。

渡部　例えば日本のメディアの報道などによると、今回のイージス・アショアの導入で、日本側企業は米国のロッキード・マーチン（イージス・アショアの主契約者）から厳しい仕打ちを受けたそうです。当初の話では、日本の企業がレーダーの中核となる素子を納入するはずでしたが、結局は日本の企業が断念せざるを得ない状況に追い込まれたと。

F‐35B戦闘機にしても、航空幕僚長でさえビックリするような導入数がポンと出てくるわけです。アメリカというのはしたたかで、日本に対してだってスキを見れば向こうに有利な条件を押しつけてくる。F‐35Bは日本で100％修理できるようなものではなくて、アメリカ側の企業にしか触らせないブラックボックスがたくさんあるわけですし。

国防・軍事産業ひとつとってみても、メインの兵器を作っているアメリカというのは日本を下に見て、値段もふっかけて、徹底的に日本を利用する。

国防以外でも、例えばジャパンディスプレイが格安で買い叩かれて中台連合の傘下に入ることが発表されましたし、シャープがホンハイ（鴻海精密工業）に買収されたときだって同じです。世界の連中というのは弱いと見たら徹底的に狙ってくる。日本はいいようにやられているのが現状ですね。

江崎　要は安倍政権は本気で日本企業を守る気があるのか、ということです。それを周辺国は見ていますよね。

F-35Bの話でいうと、あの戦闘機を買うと付随する通信やレーダーシステム、それから運用、空港の整備、全部それに合わせたものが必要になってくる。つまりF-35Bをアメリカから導入すると、アメリカ製のレーダー、アメリカ製の通信システム、アメリカ製のメンテナンスと、全部アメリカに頼らざるをえなくなる。戦闘機ひとつ入れるだけで、そこから派生する周辺の国防産業が軒並みアメリカにもっていかれるのです。

政治側がそういうことを全然わかっていない。仮にわかってやっているのだとしたら、それは日本の防衛産業を潰そうとしているということになりますので、より悪質ですが。

渡部　しかしそこでも、例えば通信機器やレーダーの本当に最先端のものはアメリカも日本には提供しないのです。外国には渡さない部分は残しながらやっている。それは日本で独自に開発しなければいけないのですが、いずれにしてもご指摘の大半は合っています。

私がなぜ習近平を評価するかといったら、中国国内で兵器を作り上げていく、つまり国産化の重要性を理解し、実際にそれを実行しているからです。技術が十分になかったら、よその国の技術を盗んででも国産化してしまう。私は本書で国産化の重要性について、声を大にして言いたい。国産化しないと技術が日本国内で育ちませんし、不具合が出ても改修さえ自国でできなくなる。それにいままでだったら例えば整備で食っていたような企業もあるのです。それが契約上、整備までアメリカ企業でやりますという兵器が増えてきている。仕事まで外国に持っていかれるということです。

江崎　なおかつ、整備費用も向こうの言い値ですよね。これでは、ボルトひとつ1000万円って言われても呑まざるを得ない。さすがに自民党も国防部会で、「F-35B買うのはいいけど、後継機は国産でやろう」という決議をしましたけど、半分は気休めみたいなものです。

渡部　これがアメリカの国防産業の常態ですから、アメリカ企業の汚いやり方をある程度覚悟しながらやるしかありません。それだけアメリカの立場と日本の立場は違うのです。アメリカの立場は強いですし、日本の立場は弱い。本当に臥薪嘗胆《がしんしょうたん》ですよ。

官僚、政治家、国民

渡部　国産化の必要性に関しては、制服組、とくに陸自はずっと戦ってきました。しかし、それを潰してきたのは財務省です。結局、安ければいいと。国産化するとどうしても研究開発費もかかるし、日本1国では生産数も限られるし、高くなる。輸入したほうが安いということで、国産化を潰してきたのです。
経済産業省にしても本来ならば日本の技術を守らなきゃいけない役所なのですが、明確なポリシーや確固たる信念がないから、どうしても財務省の「安いほうがいいでしょう」に流されてきた。
何を言わんとしているかというと、各中央省庁、とくに財務省のなかにお金以外の面も考えた国家意識というのがものすごく希薄なのです。財務省の人たちは自分の業績になること、例えば「中期防衛力整備計画で総額をこれだけ落としました」といった手柄争いで動いているところがものすごくある。「こういう国家でなければならないから、ここでは我慢して国産化しよう」という発想がまったくない。

江崎　しかし実際には、防衛省にも財務省にも、防衛上の先端技術開発のために予算をつけるべきだと思っている人はいるのです。

渡部　それは珍しい（笑）。

江崎　いるのですが、本当の問題は、政権側がそういう人たちを出世させないことなんです。財務省にも防衛のことを理解していて査定ができる人がいるのだから、そういう人を出世させていくべきだと我々は内々に提言してきたんです。しかしそういう人たちは出世させてもらえず、防衛予算を削る人ばかりが出世している。そうなっていくと、みんな黙っちゃいます。
だから僕の立場からすると、財務省が悪いのではないのです。どういう官僚を取り立てていくかを決める政治の側が最大の問題ということになります。しかし、官僚がつくったペーパーを読むことが仕事だと思っているような政治家ばかりになると、前例踏襲と省益優先の政治になっていく。先にも言いましたが、官僚の問題というのは、根っこは政治家の不勉強の問題であり、官僚をコントロールする知見・政策を提案すべき民間シンクタンクの不在というところにいきつくわけです。そしてその政治家を選んでいるのは国民だというところに戻ってくるわけですね。

結局、国民一人ひとりが少しずつでもいいから変わっていかないと、政治も官僚も変わらないということです。

渡部 うまく民主主義国家の根幹に戻ってきましたね。これぱっかりは中国を参考にするわけにはいきませんから（笑）。

最後にひと言。現在の日本に必要なのは、「国家戦略」であり、その戦略を実現するための「挙国一致態勢」です。中国は、共産党独裁体制の下、国家を挙げて「中華民族の偉大なる復興」を実現しようとしています。アメリカもトランプ政権の下で英語でwhole of government approach、つまり挙国一致態勢でさらに偉大な国家にしようとしています。そして、米中は熾烈な覇権争いをしています。このような状況のなかで、我が国が国際社会において名誉ある立場で生き残ろうと思うのであれば、国家戦略と挙国一致態勢が不可欠です。

経済は常に政治（国家の意思）に翻弄される

「20年くらい前までは、財界との会合で、経済人たちは『我が国は』という言い方をしていた。しかしある時から、『我が業界は』『我が社は』という言い方をする経営者が急増し、いまや『我が国は』という言い方をする経済人をほとんど見なくなった」

ある閣僚経験者の勉強会に講師として招かれたとき、こうした嘆きを聞かされました。これは、「日本の経済人たちが愛国心を持たなくなった」という批判ではありません。また、「自分の会社と、自分たちの業界の利益しか考えなくなった」という批判でもありません。

自分の会社と自分たちの業界の利益を本気で守ろうとするならば、必然的に国家の行く末と国際社会の動向を分析し、事前にその対策を講じなければならない。そうした常識、国家論を理解していない「視野の狭い」経営者たちが増えてしまった、という批判なのです。

自由貿易を掲げているとはいえ、経済は、自国の政策や外国の思惑といった「政治（国家の意思）」に振り回されるものです。

具体例を出しましょう。

1930年代後半、中国大陸政策をめぐって日米両国の対立が深まり、それまで順調であった日米貿易も、両国の政治的対立から縮小され、日本の経済界は原材料不足に苦しむことになりました。そして1941年12月に日米戦争が始まり、3年半にわたって戦った後に敗戦、日本は廃墟になったことはご存知の通りです。

現行の政治体制になってからも、経済は、政治に翻弄されてきました。

1970年代に、中東でオイル・ショックが起こり、石油の値段が高騰、それまで安価で石油を入手してきた日本は、石油の値段の高騰と物資不足から狂乱物価に見舞われ、企業は生産活動の縮小を余儀なくされました。石油の供給が中東諸国の政治的意向に左右されることを思い知ったわけです。以降、経済界は、中東諸国との関係に気を遣うようになりました。

1980年代に、アメリカのロナルド・レーガン大統領が登場すると、ソ連・共産圏との対決姿勢を強め、1987年には東芝機械ココム違反事件が起こりました。共産圏へ輸出された工作機械によりソ連の潜水艦技術が進歩し、アメリカ軍に潜在的な危険を与えたと見なされたのです。安全保障、国防を軽視した東芝の1子会社の「違反」を契機にアメリカ政府は、東芝機械のほか、東芝をはじめとする東芝グループ全社の製品を輸入禁止としました。しかも、これは単に東芝という1民間企業の話では終わらず、日米間の政治問題にまで発展し、アメリカの「日本叩き」が激化することになったのです。

要はアメリカや中東諸国の意向を正確に理解し、対策を講じるよう日本政府に働きかけておかないと、日本経済は大混乱に陥るだけでなく、民間企業も大きな打撃を受けることになるのです。安全保障や国際政治の動向を懸命に追って対応しておかないと、ひどい目に遭うことになる——。オイル・ショックや東芝ココム事件とその後の「日本叩き」を知る日本の経済人たちは、安全保障・防衛や、国際政治の動向、とくにアメリカ政府の動向や、ソ連・共産圏との関係にはきわめて敏感にならざるを得なかったわけです。

自国の政治をいかにコントロールし、日本を発展させていくのか

ところが1989年に、米ソ首脳によって「冷戦の終結」が宣言され、1991年12月には、ソ連邦が崩壊しました。

それ以降、政治イデオロギーが国際経済、通商政策に大きな影響を与えることも少なくなっていきます。中東情勢は混乱を続けますが、石油の安定供給体制は維持されていくようになりました。

かくして軍事とか安全保障とか、国家間の対立といった「国家」や「政治」の問題に関心を持たなくても、国際的なビジネス、経済活動は成り立っていくと「勘違い」する「視野の狭い」経済人が増えていくようになってしまったのではないでしょうか。

一方、お隣の中国は建国100年にあたる2049年までに超大国になることを目指して官民挙げて奮闘し、いまや日本を遥かに上回る経済大国、軍事大国になっています。しかも、その中

国の経済大国化を懸命に支援したのが、ほかならぬ日本でした。

一方、こうした中国の軍事的経済的台頭に危機感を抱いたアメリカのドナルド・トランプ政権は、リチャード・ニクソンの電撃訪中以来、実に30数年も続いた米中連携路線を転換し、2017年12月、国家戦略を中国「共産党」政権敵視政策へと変えました。そして、この国家戦略の転換に伴い、安全保障の観点から、中国企業の対米投資を著しく制限するとともに、2018年夏から米中貿易戦争を仕掛けたわけです。

その煽りを受けて日本の対中輸出は激減し、日本の景気は陰りを見せていますが、日本の経営者たちの大半は右往左往するだけで、あたかも米中貿易戦争という嵐が過ぎ去るのを待っているかのようです。

米中貿易戦争は、日本企業にとってはチャンスでもあるはずなのです。

ですが、トランプ政権の中国企業「排除」政策を活用して、アメリカやアジアでのシェアを中国企業から奪い返そうという、強烈な国家意思は、経済界にも政界にもほとんど見られません。

なぜ、日本はかくも当事者能力を失ってしまったのでしょうか。

その一方で、自国の国益を確保しようと、なりふり構わず相手国に攻勢を仕掛けるアメリカや中国はなぜ、そのようなことができるのでしょうか。

その「からくり」を、安全保障の専門家であり、かつドイツやアメリカに留学され、中国の安全保障を研究されてきた渡部悦和さんに伺おうということから、この企画は始まりました。

経済は常に政治（国家の意思）に翻弄されます。それを前提に、外国の思惑にいかに適切に対処するのか、自国の政治をいかにコントロールし、日本を発展させていくのか。アメリカ、ドイツ、中国などを例に「経国の大計」を縦横無尽に論じていただきました。示唆に富んだ渡部さんの議論をひとりでも多くの有権者、とくに経済人に読んでいただきたいと願っております。

江崎道朗

令和元年　6月24日

【著者略歴】

渡部悦和（わたなべ・よしかず）

日本戦略研究フォーラム・シニアフェロー、元ハーバード大学アジアセンター・シニアフェロー、元陸上自衛隊東部方面総監。1978（昭和53）年、東京大学卒業後、陸上自衛隊入隊。その後、外務省安全保障課出向、ドイツ連邦軍指揮幕僚大学留学、防衛研究所副所長、陸上幕僚監部装備部長、第2師団長、陸上幕僚副長を経て2011（平成23）年に東部方面総監。2013年退職。著書に『米中戦争――そのとき日本は』（講談社現代新書）『中国人民解放軍の全貌』（扶桑社新書）『日本の有事』（ワニブックスPLUS新書）がある。

江崎道朗（えさき・みちお）

評論家、拓殖大学大学院客員教授、産経新聞社「正論」メンバー。1962（昭和37）年、東京都生まれ。九州大学卒業後、月刊誌編集、団体職員、国会議員政策スタッフを務めたのち、現職。安全保障、インテリジェンス、近現代史などに幅広い知見を有する。論壇誌への寄稿多数。著書に、『コミンテルンの謀略と日本の敗戦』『日本占領と「敗戦革命」の危機』（ともにPHP新書）『日本は誰と戦ったのか』（ワニブックスPLUS新書、第1回アパ日本再興大賞受賞）『マスコミが報じないトランプ台頭の秘密』（青林堂）などがある。

言ってはいけない!? 国家論

——いまこそ、トランプの暴走、習近平の野望に学べ!

発行日　2019年7月20日　初版第1刷発行

著　　者　渡部悦和
　　　　　江崎道朗

発 行 者　久保田榮一

発 行 所　株式会社扶桑社
〒105-8070
東京都港区芝浦1-1-1 浜松町ビルディング
電話 03-6368-8870 (編集)
　　 03-6368-8891 (郵便室)
www.fusosha.co.jp

装　　丁　新　昭彦 (ツーフィッシュ)

DTP制作　平林弘子

装丁写真　共同通信社

構　　成　伊藤武芳

印刷・製本　中央精版印刷株式会社

Printed in Japan ISBN 978-4-594-08244-4